Alan Watts

Seglers Windfibel

Zeichnungen von
Mary Slims

Delius Klasing Verlag
Bielefeld

Titel der englischen Originalausgabe
BASIC WINDCRAFT
Using the wind for Sailing
© Alan Watts 1976
erschienen bei Douglas David & Charles Ltd.
North Vancouver, Canada

4. Auflage

Deutsche Übersetzung: Hans G. Strepp
Die Rechte für die deutsche Ausgabe liegen beim
Verlag Delius, Klasing & Co., Bielefeld
ISBN 3-7688 - 0243 - 4
Printed in Germany 1987
Herstellung: H. Delp, Bad Windsheim

Inhalt

3

Über dieses Buch

Dies ist ein Bilderbuch mit erweiterten Bildunterschriften über die elementaren Dinge, die Segler über ihre Antriebsenergie, den Wind, wissen sollten.

Es soll ähnliche Bücher über Technik des Segelns und Seemannschaft ergänzen. Man darf wohl mit einiger Sicherheit behaupten, daß unter den vielen Büchern über die Kunst, ein Segelboot zu führen, dies das erste ist, das Steuerleuten und Crews in Bildern zu erläutern versucht, was die Art dieser unsichtbaren Energie ist, die sie nutzen.

Hätte man es mit einem unsichtbaren Mann zu tun, wäre es nützlich, seine Handlungsweise zu kennen, damit er einem nicht gefährlich wird. Mit dem Wind ist es ähnlich; Art und Ort seines Wirkens sind immer nur indirekt an der Bewegung anderer Dinge hier und der Beobachtung gewisser Erscheinungen dort zu erkennen. Seltsam jedoch: wir sind völlig an die Unsichtbarkeit des Windes gewöhnt. Nirgends kann Wind in diesem Buch illustriert werden. Wir zeichnen Pfeile, markieren Richtungen und beurteilen die Geschwindigkeit nach dem Zustand der See, der Biegung der Bäume oder danach, wie weit die Crew einer Jolle auslegt. Wir finden es gar nicht überraschend, daß wir in diesem unsichtbaren Medium so exakt segeln. Das liegt zum Teil daran, daß das Boot selbst ein recht guter Windweiser ist. Sobald es segelt, zeigen uns Verklicker oder Wollfäden am Want auch bei leichten Winden an, woher es weht. Viel besser aber, wenn wir eine kommende Windänderung an vorhandenen Zeichen erkennen können, die nicht allgemein bekannt sind. Da beginnt das „Windwesen" – ein Ausdruck, den ich in Anlehnung an den Begriff „Forstwesen" geprägt habe, denn Waldmenschen haben ja auch besonderes Gespür für die geringsten Zeichen und Veränderungen in ihrer Umwelt, die kein Spaziergänger bemerken würde.

So ist's mit dem Seglerwissen über die Windkraft. Der Wissende sieht Zeichen, die anderen entgehen, und gewinnt hier einen Platz oder zwei, dort wieder einen im Regattafeld, das sich seinen Weg durch drehende Winde sucht. Zuweilen ändert sich die taktische Lage völlig durch richtige Nutzung einer erwarteten Windänderung

– wohl dem, der sie zuerst nutzt, weil er erkannt hat, daß sie kommt. Während einer Regattawoche gewann ein erstklassiger Steuermann einen begehrten Kielyachtpreis mit 3½ Punkten Vorsprung, denn mit seinem Wissen vom Windwesen hatte er das Heranziehen einer Brise rechtzeitig erkannt, richtig genutzt und seiner Punktzahl aus den vorhergehenden Rennen allein dadurch 8½ Punkte hinzugefügt.

Während meiner Jahre als Meteorologe auf einer südenglischen Insel, die ständig von kleinen Segelbooten umgeben ist und um die herum ich auch meine eigene Jolle gesegelt habe, erwarb ich meine Kenntnisse über die dem Segler nützlichen Eigenschaften des Windes. Nur was der Segler an Ort und Stelle erkennen und erklären kann, ist für ihn von Nutzen. Jollensegler haben keine Wetterkarten, keinen Wetterfunk, sondern allein erworbene Kenntnisse. In diesem Buch sind die Grundfakten des Windwesens in klaren Zeichnungen dargestellt zum besseren Verständnis des Windes, um allen Seglern zu helfen, mit ihm schneller und sicherer zu segeln. Der Anfänger kann gut mit diesem Buch beginnen. Fortgeschrittene, die wohl manches für zu simpel halten mögen, werden, so hoffe ich, hier noch genug Windtricks und Kniffe finden, von denen die ganze Seglerzunft was hat. Die Lehrmethode ist zum Gefallen jener angelegt, denen tiefschürfende Gelehrtentexte zu umständlich erscheinen. Wer dieses Buch hier begriffen hat, der kann sich immer noch zu schwierigerem Wissen vorarbeiten.

Anmerkung des Übersetzers

Es gibt gewisse kleine Unterschiede zwischen britischer und deutscher Wettersprache. Ich habe nach bestem Wissen und Gewissen die deutschen Synonyme verwendet, nur beim Lullwind nicht, für dessen freundliche Aufnahme ich plädiere, denn für kurzes Abflauen haben wir nur umständlich lange Beschreibungen.

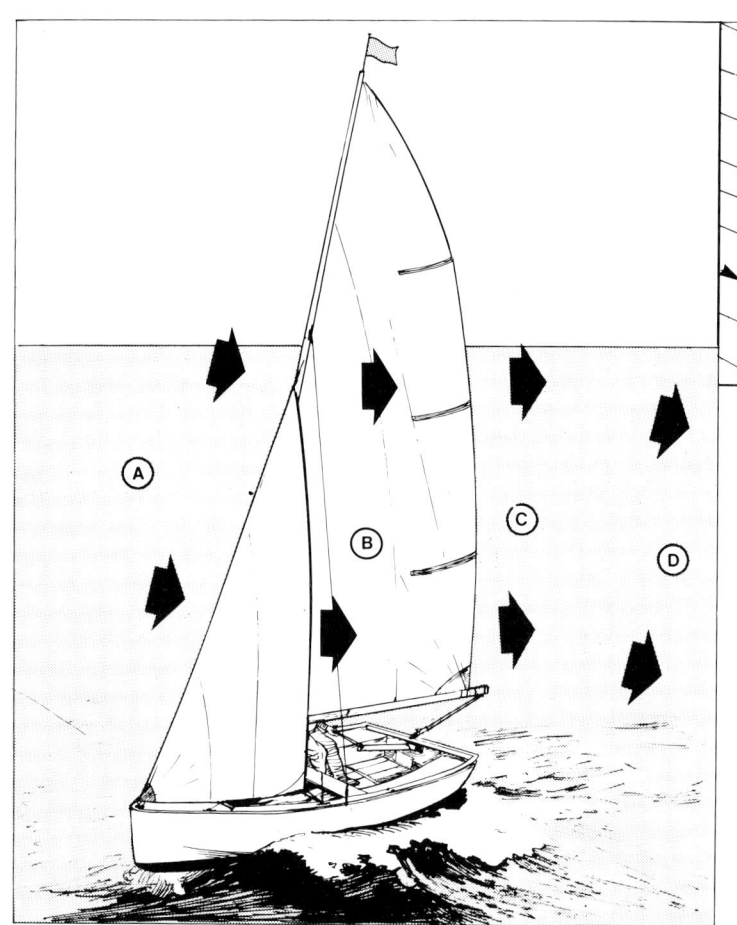

Boot und Wind 1

Die Vortriebskraft stammt von einem Teil der gesamten von den Segeln erzeugten Kraft *F*, die durch einen Druckunterschied zwischen Luv- und Leeseite der Segel entsteht. Die Segel zwingen der gleichförmigen Strömung (A) eine andere Richtung und Geschwindigkeit auf. Das Vorsegel ist dabei besonders wichtig, denn es bildet mit dem Großsegel eine Düse, durch die die Luft mit zusätzlich beschleunigter Geschwindigkeit fließen muß (B). Je schneller diese Strömung gegenüber der auf der Luvseite ist, um so größer wird die Gesamtkraft *F*.

Ein Segel wirkt richtig, wenn die Strömung glatt bis zu seiner Hinterkante (C) anliegt. Danach nimmt der Wind allmählich wieder seine alte Richtung ein (D), jedoch verlangsamt und voller Wirbel, denn der durch die Segel streichende Wind hat Energie an das Boot abgeben müssen. Wer im Abwind eines Bootes segelt, bekommt nicht nur die Unruhe der Turbulenz zu spüren, sondern auch weniger Energie.

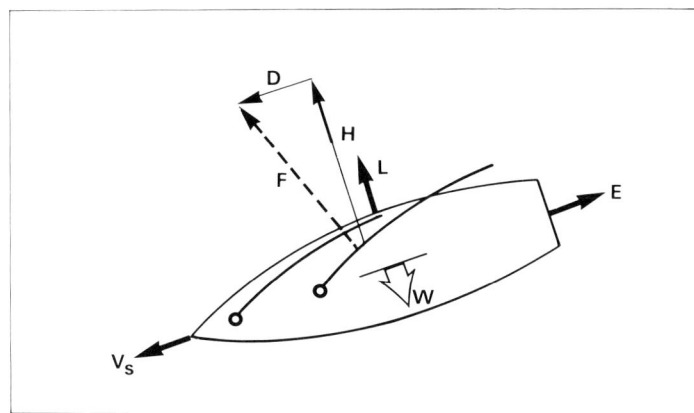

Boot und Wind 2

Die Segelkraft F kann in zwei senkrecht zueinander wirkende Kräfte zerlegt werden: die vorantreibende D und die krängende H, die das Boot nach Lee abtreiben würde, wären da nicht Schwert oder Kiel. H versucht das Boot nach Lee zu kippen, was mit dem Gewicht der Crew durch ein Gegenmoment M ausgewogen werden muß. H führt zu etwas Abdrift L des Bootes, der an Kiel oder Schwert eine dynamische Gegenkraft W erzeugt, die dem Abtreiben entgegenwirkt.

Nützlich ist der Kraftanteil, der dem Boot Vorausfahrt V_S gibt. Ständige Krafteinwirkung müßte zu immer größerer Geschwindigkeit führen, aber das tritt nicht ein, weil mit der Geschwindigkeit auch der Widerstand E schnell anwächst, bis sich Vortriebskraft und Widerstandskraft bei einer bestimmten Fahrt das Gleichgewicht halten. Nimmt der Wind zu, wächst auch der Vortrieb; das Boot wird schneller, bis wiederum Vortrieb und Widerstand sich die Waage halten. Die schlanken Schwimmer von Katamaranen haben wenig Widerstand. Deswegen sind sie schnell.

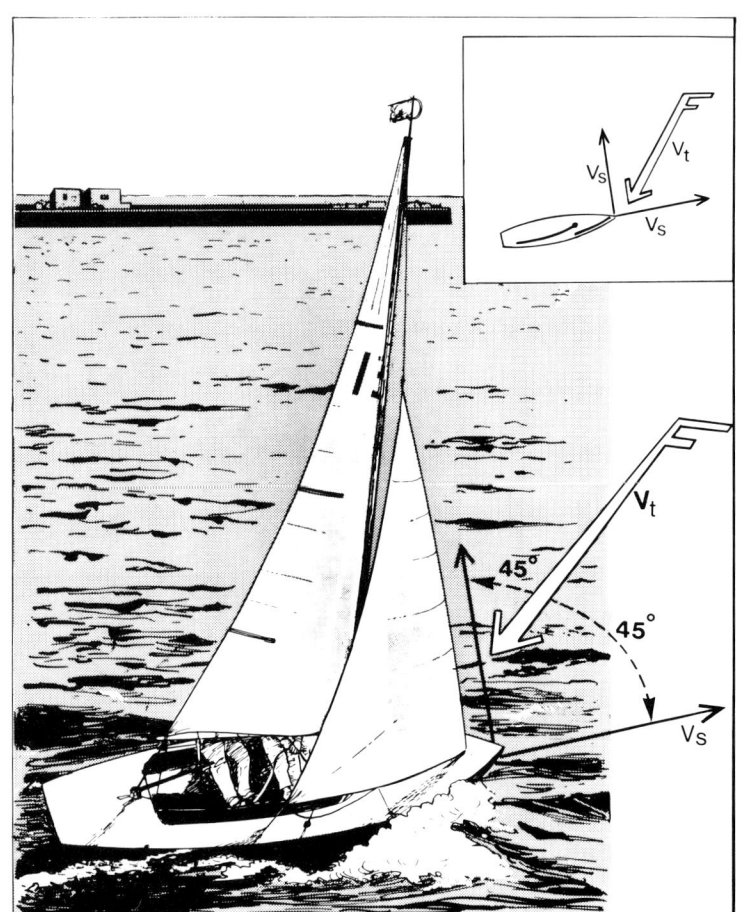

Segelkurse 1: Hoch am Wind

In der Segelei werden die Kurse gerne nach dem herrschenden Wind genannt – nicht verwunderlich, denn er bestimmt oft, wie wir zum Ziel gelangen. Die Briten nennen den Kurs hoch am Wind *close hauled*, dichtgeholt – die Schoten nämlich. Und dann „dreschen" wir windwärts. Beides trifft die Situation genau. Das dargestellte Boot segelt mit Steuerbordschoten hoch am Wind V_t, der von Backbord vorn einkommt. Der Baum ist bis dicht an die Schiffsmitte heruntergeholt (etwas, was man bei kleinen Jollen besser unterläßt), und der Bauch am Segelfußliek läßt starke Rundung des Großsegels zu. V_s ist die Vorausfahrt des Bootes.

Legt der Steuermann die Pinne nun nach Lee, dreht der Bug in und durch den Wind, bis das Boot mit Backbordschoten wieder am Wind segelt. Er hat damit den Kurs um rund 90⁰ geändert. Da er zuvor so hoch am Wind wie möglich segelte und jetzt nach der Kursänderung ebenso, ist der Sektor dazwischen voll von Kursen, die man nicht segeln kann. Wir wollen dies den „unmöglichen Sektor" nennen.

Suchen Sie während der Lehrzeit nach einer Landmarke hinter Ihrem Rücken, bevor Sie wenden (hier z.B. die Häuser auf der Mole). Nach der kurzen Verwirrung durch die Wende auf den neuen Kurs segeln Sie zunächst auf diese Marke zu und orientieren sich erst dann in Ruhe nach dem Wind.

Kurse am Wind sind überaus schwierig, aber auch sportlich am reizvollsten für den, der die Technik beherrschen gelernt hat, weil der Wind V_t sich ständig mehr oder weniger ändert und ein tüchtiger Steuermann alle Winddrehungen möglichst mitgehen sollte.

Segelkurse 2: Voll und bei

Für Jollen ist dies der schnellste Segelkurs. Unter Grenzbedingungen bekommt man auf diesem Kurs das Boot am ehesten zum Gleiten. Einerseits ergibt sich nämlich aus Fahrtwind und wahrem Wind (V_i) ein noch stärkerer scheinbarer Wind - allein er ist an Bord spürbar -, andererseits kommt dieser nicht mehr ungünstig aus vorlicher Richtung, so daß sich sein Einfallswinkel bereits vorteilhaft auf die Vorausfahrt (V_S) auswirkt.

Es ist oft ein begeisternder Kurs, denn immer wenn die Böen auf 10...12 kn auffrischen, kommen Jollen von 4 m und länger ins Gleiten oder versuchen es wenigstens. In stärkerem Wind kann es zu andauerndem Gleiten kommen, und auch kleinere Jollen gleiten dann.

Der befahrene Segler unterscheidet sich vom Anfänger dadurch, daß er auch eine träge Jolle ins Gleiten bringt und sie durch feinfühliges Reagieren mit Schot und Pinne und geschickten Gewichtstrimm länger im Gleitzustand hält. Für Steuermann und Vorschoter ist diese komplexe Technik wohl die schwierigste Lektion, die sie lernen müssen.

Für diesen Segelkurs gibt es keine einfachen Regeln. Man lasse dem Boot seinen Willen, segle es möglichst aufrecht, verlagere das Mannschaftsgewicht etwas nach achtern, wenn es gleitet, und hole das Schwert etwa ein Viertel hoch. Dann lasse es laufen, wie's auch kommt; bei böigem Wetter wechselt der Wind nämlich häufig Richtung und Stärke.

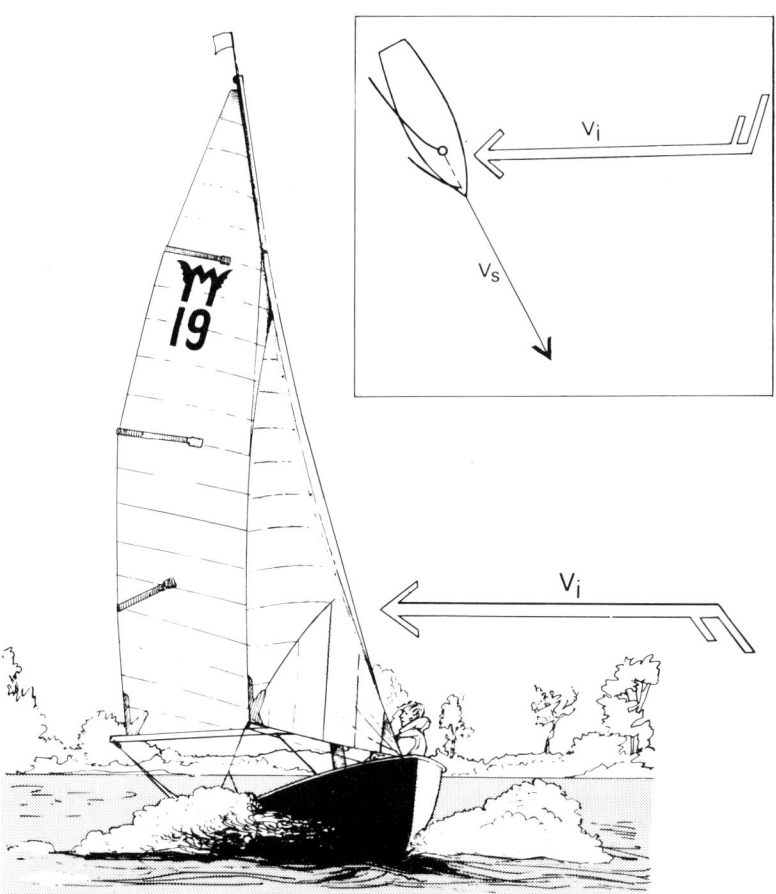

Segelkurse 3: Halber Wind

Auf diesem Kurs fühlt man den - scheinbaren - Wind (V_a) von genau oder nahezu querab einkommen. Der wahre Wind (V_t) muß deshalb achterlicher sein. Deshalb ist dieser Kurs für die meisten Jollen nicht ganz so schnell wie „voll und bei", weil der (wirksame) scheinbare Wind, der sich ja aus achterlichem wahrem und vorlichem Fahrtwind zusammensetzt, bereits schwächer als der wahre Wind ist.

Oft wird behauptet, daß dieses Segeln „mit dem Wind" kinderleicht sei. Aber um aus einer modernen Jolle oder Yacht das Beste herauszuholen, bedarf es derselben ständigen Aufmerksamkeit der Besatzung wie auf der Kreuz. Ja - mehr noch, weil objektive Hinweise auf einen falschen Anstellwinkel der Segel wie zum Beispiel ein killendes Vorsegelliek fehlen.

In der Zeichnung hat die Mannschaft die richtige Position für ein Gleiten bei halbem Wind bis knapper Backstagsbrise nicht zu großer Stärke eingenommen: achterlicher als am Wind, aber nicht zu weit achtern. Nur wenn die Heckwelle klar hinter dem Heck zurückbleibt, kann noch achterlicher getrimmt werden. Zudem ist durch Ausreiten der Crew das Boot möglichst aufrecht zu segeln, je nachdem, was der Wind gerade verlangt.

Segelkurse 4: Vor dem Wind

Wenn der Wind so weit achterlich einkommt, daß das Vorsegel im Windschatten des Großsegels killt, dann sagt man: Das Boot segelt platt vorm Wind. Der Spinnaker kann ohne Mühe gesetzt werden, und um das Boot aufrecht halten zu können, sitzen Steuermann und Vorschoter auf der Jolle einander gegenüber. Bei Schwertbooten wird das Schwert hochgeholt, um den Reibungswiderstand im Wasser zu mindern. Herrscht Seegang, holt man es jedoch nur um zwei Drittel auf, um Rollschwingungen zu dämpfen. In böigem Wind, wenn der Wind plötzlich zunimmt, wobei er auch die Richtung etwas ändert - wie in der Zeichnung durch den Doppelpfeil angedeutet -, muß man aufpassen, daß er nicht auf der Leeseite (Vorderseite) des Großsegels einfallen kann, was zu einer unfreiwilligen „Patenthalse" - einem plötzlichen Übergehen des Segels auf die andere Seite - führen könnte.
Segeln platt vorm Wind ist vielleicht der schwierigste Kurs, weil weiter hinten liegende Boote einen so leicht abdecken können und dabei schneller segeln als man selber.
Erfahrene Segler „kreuzen" zuweilen vor dem Wind, um schneller voranzukommen.

Den Wind sehen 1

Weil Wind unsichtbar ist, stammt alles was wir über ihn wissen aus Beobachtung dessen, was er verursacht. Zu den besten Windstärkeanzeigern zählen Baumwipfel; man sehe, wie sie sich im Wind neigen, falls man sich sorgt, ob er nicht zu stark ist. Man lernt schnell, daran zu beurteilen, was zu stark ist und was nicht. Seite 18...21 erklären, wie man den Wind draußen auf dem Wasser einschätzen muß, wenn man am Ufer oder beim Clubhaus steht.

Vor dem Lossegeln ist die Windrichtung draußen festzustellen. Dazu gibt es verschiedene Hilfen: Windfahnen, Flaggen, Rauch und der nasse Finger bei leichtem Wind. Bei stärkerem Wind zeigt die Neigung freistehender Bäume die Richtung, die zu einer Kenterung führen könnte, wenn man aus dem landgestörten Wind in die freie Brise kommt.

Eine gute Hilfe ist ein Bezugspunkt am Leehorizont, zu dem hin der Wind bläst, oder am Luvhorizont, von wo er kommt. Wenn diese Landmarke einige Meilen weit weg ist, hat man immer die Windrichtung zum Segeln auf dem örtlichen Revier.

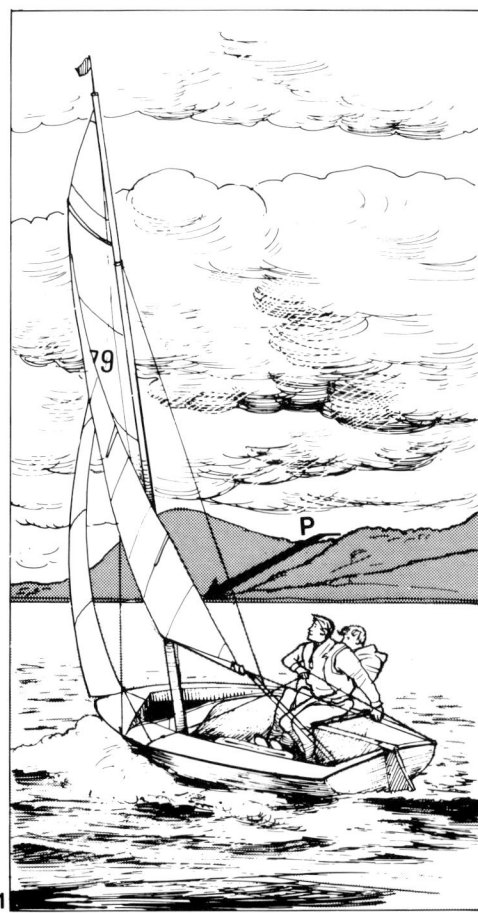

Den Wind sehen 2

1 Den Segelanfänger kann das nach jeder Wende neue Panorama voraus etwas verwirren. Man merke sich, von wo an der Küste der Wind kommt, und von diesem Punkt P kommt er auch nach der Wende. Beim Kreuzen wird man mit der Zeit zu eben diesem Bezugspunkt gelangen, sei es eine Boje, sei es ein ankerndes Boot usw.

2 Am Winde segelnd, beobachtet der befahrene Skipper ständig das Vorliek des Vorsegels. Stets steuert er an den Wind heran, bis das Vorliek zu zittern beginnt, dann holt er sacht die Pinne etwas zu sich heran, so daß das Boot ein wenig abfällt und das Vorliek wieder ruhig wird. So kurvt er sanft in den Windstrichen, und der Wind ist so freundlich, auch in kleinen Windstrichen wertvolle Sekunden zu nützlicher Kurskorrektur zu geben.

Sobald er kann, sollte der Anfänger dem Befahrenen nacheifern und solchen leichten Schlangenkurs so hoch am Wind wie möglich steuern, ohne Killen des Vorlieks. Merke aber: In einer Bö kommt der Wind achterlicher, er raumt. Das gibt extra Luvgewinn.

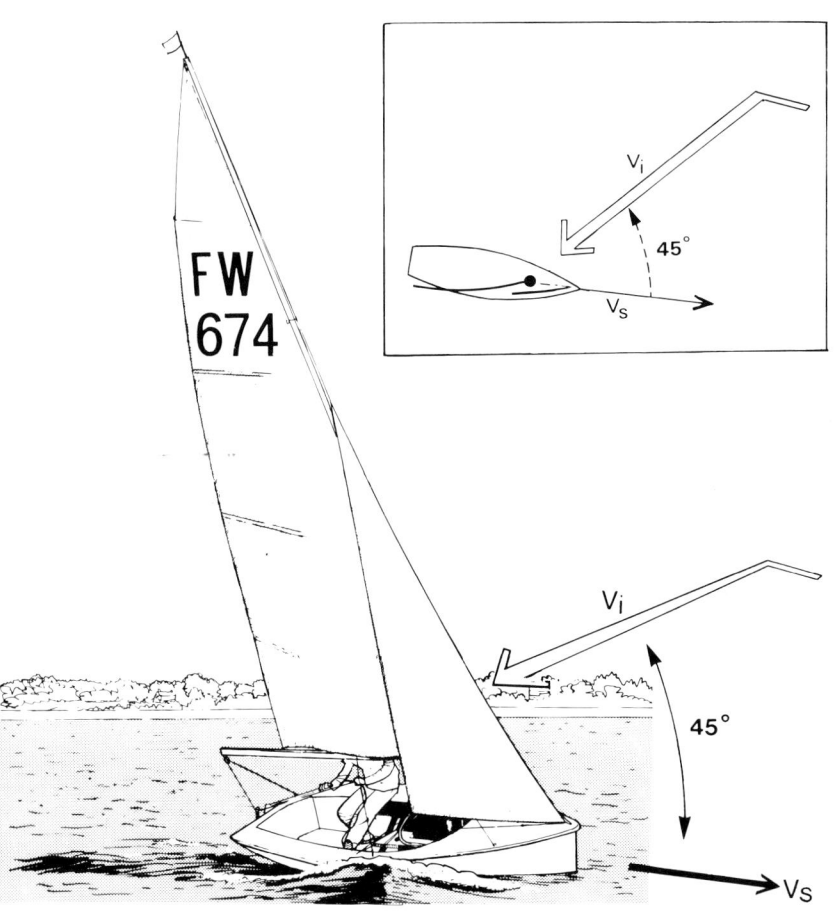

Hoch am Wind bleiben

Der Wind ändert ständig seine Richtung und Geschwindigkeit; man segelt mit Augenblickswind V_i. Um den bestmöglichen Kurs am Wind zu segeln, muß man ständig auf die kleinen Änderungen reagieren, das Boot so hoch anluven, daß das Vorliek des Vorsegels gerade noch nicht zittert. Zittern zeigt bei den meisten Booten sicher an, daß man zu hoch am Wind liegt.

Um stets höchste Fahrt V_S zu laufen, muß der wahre Augenblickswind immer etwa 45° von voraus gehalten werden. Wie der Wind V_i leicht um seine Hauptrichtung pendelt, so ändert ein gut gesteuertes Boot seinen Kurs leicht, um den Augenblickswind stets auf 45° Seite zu halten.

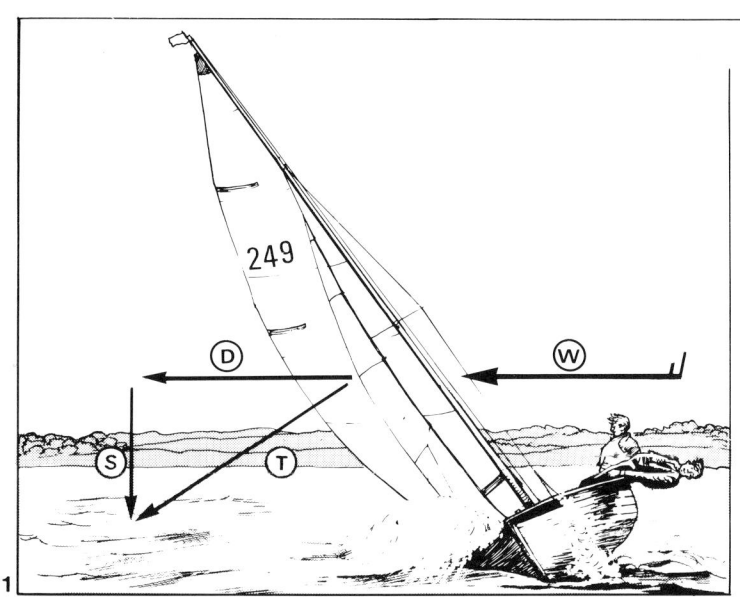

Warum aufrecht segeln?

1 Anfänger mögen Spaß daran haben, das Boot auf dem Ohr zu segeln – muß doch schnell sein, wenn der Wind W einen so legt! Irrtum! Die Triebkraft T wirkt senkrecht zur Segelfläche, von der bei gekrängtem Boot aber nur die Komponente D vorantreibt; die nach unten wirkende Komponente S drückt lediglich das Boot zu tief ins Wasser. Wenn Sie das Boot aufrecht segeln, wird die Vortriebskraft T besser für Tempo ausgenützt.
Der Vorschoter ist hier nicht der beste. Er legt so weit aus, wie er kann, aber er hält die Vorschot zu dicht, muß fieren. Der Steuer-

mann fährt die Großschot zu lang – vergebens, solange die Fock so angeknallt ist.

2 Diese zwei sind ein gutes Team. Fock und Großsegel stehen richtig, wirken zusammen. Das Groß steht offen genug (geschrickt), so daß die Vortriebskomponente D so groß wie möglich ist. Der Mast ist lotrecht: keine „Versenkungskomponente" S. Die Crew muß mit den Schoten spielen: fieren, wenn der Wind zulegt, anholen, wenn er nachläßt. Dann segelt das Boot aufrecht.

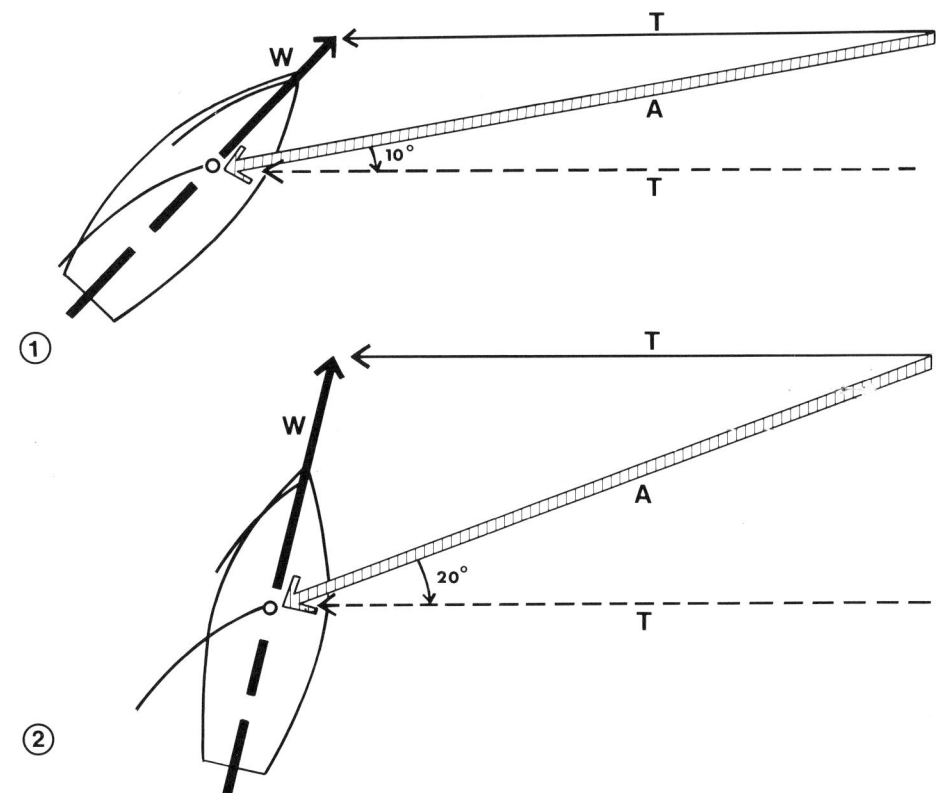

① ②

Wo ist der wahre Wind?

Antworten:
10° hinterm scheinbaren Wind an der Kreuz (1).
20° hinterm scheinbaren Wind bei Halbwind (2).
Wie jede Faustregel ist das etwas grob, aber ausreichend. Legt der Wind zu, tut's auch die Fahrt W, und wenig ändert sich am Winkel zwischen wahrem Wind T und scheinbarem A. Auch lange, schnelle Jollen ändern daran nicht viel. Der wahre Wind ist dann nur wenig achterlicher vom scheinbaren.
Die Faustregel besagt, daß eine Jolle ab voll und bei ins Gleiten kommt und wirklich schneller ist als am Wind. Die Regel mag nicht ganz für Kielyachten stimmen, obwohl deren Fahrt auf den verschiedenen Kursen ähnlich ist. Wird beim Abfallen der Winkel zwischen W und $T \geqq 90°$, dann ist diese Faustregel nicht mehr anwendbar.

Gebrauch des Verklickers (Clubstander)

1 Der Verklicker im Masttopp ist der wichtigste Windanzeiger. Bei leichtem Wind ist er oft das einzige Mittel, um die Windrichtung festzustellen – also fahre man immer mit Verklicker. Am Wind erkennt man am Vorliekzittern, ob man richtig oder zu hoch am Wind liegt. Bei raumem Wind kann nur der Verklicker einem sagen, wo der Wind herkommt. Bei unruhigem Wind soll der Vorschoter auf Kollisionskurse achten, der Steuermann auf den Verklicker.

2 Der Wind, den man fühlt, ist nicht der wahre, treibende, sondern der scheinbare *A*, den auch der Verklicker anzeigt; der wahre *T* kommt achterlicher an.
Die Geschwindigkeit des scheinbaren Windes *A* ergibt sich aus vektorieller Addition von wahrer Windgeschwindigkeit *T* und Geschwindigkeit des Fahrtwindes V_S = Bootsgeschwindigkeit. *A* ist stärker und vorlicher als *T*, solange *T* vorlicher als quer zum Boot einkommt.

3 Der Verklicker zeigt den scheinbaren Wind; nur platt vorm Wind zeigt er auch die Richtung des wahren Windes an.

17

1

2

Sehr leichte Winde
Stärke 0...2 (0...6 kn)

Flauten und Leichtwind sind relativ selten; wenn, dann kommen sie frühmorgens oder abends vor. Dichte Hindernisse können zwar eine leichte Brise bis zur Windstille abbremsen. Leichtwetter ist binnenlands häufiger als an Küsten.

1 Leichter Zug (≤ 3 kn) Das Boot spiegelt sich glasig im Wasser, allenfalls Kräuselwellen. Ums Segel anzustellen, etwas nach Lee setzen, damit das Baumgewicht nach Lee fällt. Trimmen Sie das Boot so, daß möglichst viel Bootslänge benetzt ist, um beste Fahrt zu

machen. Ganz ruhig sitzen. Läuft das Boot, halten Sie's am Laufen, auch wenn's nicht ganz in die richtige Richtung geht.

2 Leichte Brise (4...6 kn). Bei solchem Wind füllen sich die Segel ohne Trick. Skipper und Vorschoter setzen sich so, daß das Boot aufrecht segelt. Das Wasser spiegelt nicht mehr. Man sollte noch still sitzen und sehr aufmerksam mit Schot und Pinne reagieren. Segel nicht zu dichtgeholt, möglichst bauchig fahren. Nicht immer können beide der Mannschaft in Luv sitzen.

18

Schwache bis mäßige Winde
Stärke 3...4 (7...15 kn)

Damit hat man es am häufigsten beim Segeln zu tun. An vielen Tagen des Jahres wächst sich leichter Morgenwind gegen Nachmittag zu mäßiger Brise aus. Es ist der beste Lehrwind, weil das Boot prompt reagiert und man selber ein Gefühl für die Sache bekommt. Gleitjollen kommen bei Stärke 4, manchmal schon bei 3 ins Gleiten. Stärke 4 ist die beste Arbeitsbrise für jede Art von Segelbooten.

1 Schwache Brise (7...10 kn). Dieser Wind bringt leichte Flaggen und Wimpel gerade eben zum Auswehen; siehe Salingsflaggen am Clubmast. 10 kn machen auf freiem Wasser ein paar wenige Schaumkrönchen, aber auf engeren Gewässern erkennt man diese

Windstärke an der Mühelosigkeit, das Boot aufrecht zu halten, und an der dennoch flotten Fahrt. Moderne Jollen lieben diesen Wind; längere kommen ins Gleiten. Der Verklicker zeigt den scheinbaren Wind zuverlässig an.

2 Mäßige Brise (11...15 kn). Das ist der Wind für sportliches Jollensegeln, aber für den Anfänger kann es schon zuviel sein, wenn das Boot rank ist. Befahrene aber mögen ihn, weil man am Wind wirklich vorankommt. Falle ab auf halben Wind, und das Boot gleitet dahin. Die Mannschaft reitet weit aus, oder der Vorschoter steigt ins Trapez, um das Boot am Wind aufrecht zu halten. Auf offenem Wasser mäßiger Seegang, bereits zahlreiche Schaumkronen.

19

Frische bis starke Winde
Stärke 5...6 (16...27 kn)

Kein Wind für Anfänger; selbst Befahrene kentern dabei oft. Fortgeschrittene kommen mit Stärke 5 in Buchten mit geringer Wassertiefe zurecht, wo die Flachs nur wenig Turbulenz verursachen. Nahes Land mit Bäumen und Häusern macht zuviel Turbulenz. Gemeint ist Stärke 5, ungebremst auf freiem Wasser.

1 Frische Brise (16...21 kn). Die Mannschaft braucht alle Geschicklichkeit, das Boot aufrecht zu halten. In Böen beide Schoten fühlsam fieren, um den Druck aus den Segeln zu lassen. Das ist kein Wind, in dem man eine Schot belegt, um die Hände zu schonen, höchstens in Klemmklampen. Bei raumen Winden hauen die Jollen in sausender Gleitfahrt ab, und der Skipper muß dann auch auf die Wellen achten - mit Kenterung ist immer zu rechnen. Vom Clubhaus aus betrachtet: Die Wellen brechen auch in relativ geschütztem Wasser, und kleinere Bäume schwanken beachtlich - das ist Stärke 5. Flaggen knattern.

2 Starker Wind (22...27 kn). Rennjollen, die nicht reffen, sind nun übertakelt. Jetzt wird es auf kleinen Schiffen rauh. Selbst Meistersegler überlegen nun zweimal, ob sie hinausgehen sollen. Die genannten Geschwindigkeiten sind Mittelwerte; die Böen sind schneller (siehe Seite 22).
Dieser Wind singt in den Drähten, bringt recht große Äste in Schwingung. Jollen verlieren im Seegang hinter den Wellenkämmen einander aus der Sicht. Auf keinen Fall sollten Anfänger sich hinauswagen; werden sie draußen erwischt, Großsegel bergen und mit der Fock nach Hause segeln. Auflandiger Wind macht Brandung - Schwimmwesten!

Beauforts Windskala

Bft-Nr.	Be-zeichnung	Kennzeichen auf See	Kennzeichen an Land	Geschwin-digkeit kn	Bft-Nr.	Be-zeichnung	Kennzeichen auf See	Kennzeichen an Land	Geschwin-digkeit kn
0	Windstille	spiegelglatte See	Rauch steigt senkrecht auf	< 1	8	stürmi-scher Wind	See rollt, geht ziemlich hoch und lang, Schaum wird von den Kämmen wegge-blasen, es heult im Rigg	Zweige werden abgebrochen, morsche Äste kommen von oben, Flaggen fransen aus	34...40
1	leichter Zug	kleine Riffelwellen	Rauch zieht schräg auf, Windfahnen stehen still	1...3					
2	leichte Brise	kleine, kurze Wellen	Wind im Gesicht fühlbar, Laub bewegt sich, Wind-fahnen drehen	4...6	9	Sturm	See hoch und weiß von breiten Schaumstreifen, Kämme brechen über, Sichtver-schlechterung durch Wasser-staub	Baugerüste schwanken, Dachpfannen und Blumen-töpfe kommen von oben, Sand-sturm am Badestrand	41...47
3	schwache Brise	Kabbelwellen mit kleinen Schaum-spitzen	Laub, kleine Zweige ständig bewegt, kleine Flaggen wehen aus	7...10	10	schwerer Sturm	sehr hohe Seen mit überhängen-den Kämmen, stoßartiger See-gang, Sicht unter 400 m, nur noch Sturmsegel halten, man kann nicht mehr in den Wind sehen	selten im Bin-nenland; Bäume werden entwur-zelt, Dächer abgedeckt, Schaufenster eingedrückt	48...55
4	mäßige Brise	mäßiger Seegang, länger, einige Schaumkämme	Staub und Pa-pier wirbeln auf, dünne Äste schwanken	11...15					
5	frische Brise	See wird höher (steiler), länger, zahlreiche Schaumkronen	kleine belaubte Bäume schwan-ken, Schaum-kronen auf Binnenwasser	16...21					
6	starker Wind	große Wellen, zahlreiche lange Schaumkämme, etwas Gischt	dicke Zweige schwanken, Te-lephondrähte singen, Schirme schlagen um	22...27					
7	steifer Wind	hohe Seen, weißer Schaum von den brechen-den Kämmen zieht in Streifen mit dem Wind	ganze Bäume schwanken, Wind ins Ge-sicht wird unan-genehm, Flag-gen knattern laut	28...33					

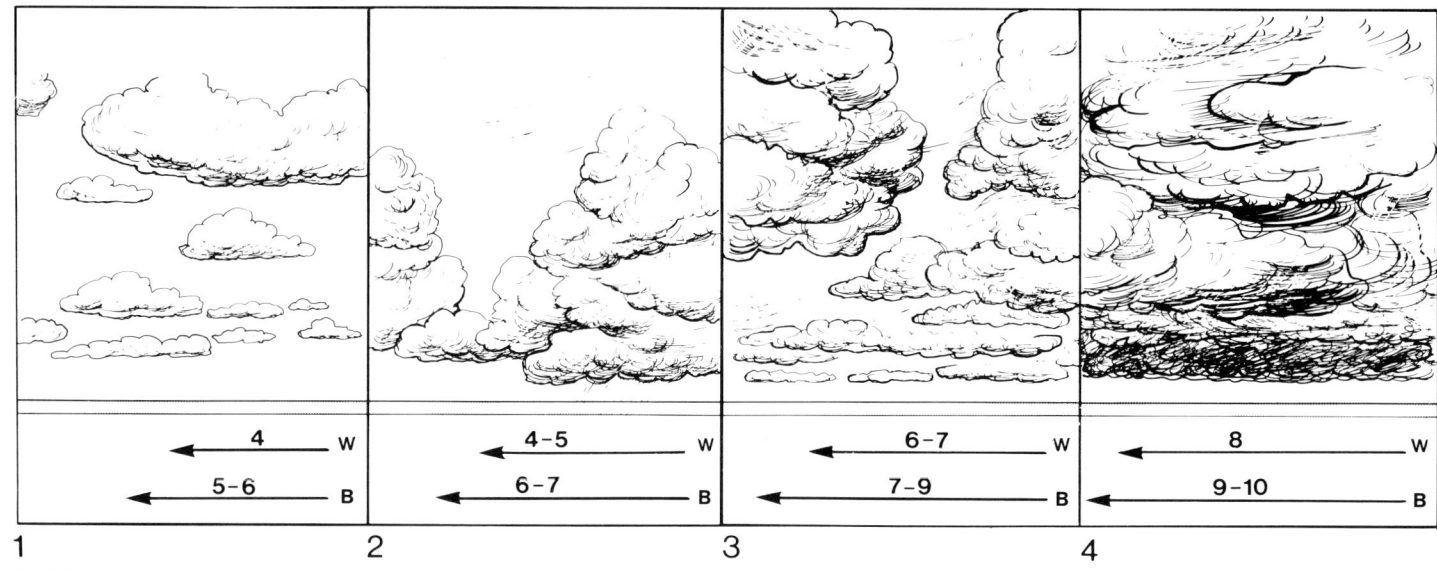

4 → W	4–5 → W	6–7 → W	8 → W
5–6 → B	6–7 → B	7–9 → B	9–10 → B

1   2   3   4

In Böen mehr...

1 Mäßiger Wind bei niedrigen Schichtwolken ist nicht sehr böig, hat aber Turbulenzwirbel. Cumulusähnliche Wolken bei Stärke 4 bedeuten jedoch stets Böenstärken 5...6. Die Böen dauern nicht lang, müssen aber immer durch weites Auslegen, notfalls auch Schricken (nachgeben) der Schoten abgefangen werden. Schricken muß man beide Schoten, wenn eine Bö zu hart ist.

2 Wenn Haufenwolken wachsen, fördern sie Wind nach unten, und die Böen werden kräftiger. Die mittlere Windstärke mag 4...5 sein; die Schauerböen haben Stärke 6...7. Jollen und Yachten sollten sich auf diese Böen einrichten. Merke: Cumulus und Stärke 3...4 am Morgen bringt wahrscheinlich Schauer und Stärke 4...5 (Mittel) gegen Nachmittag.

3 Im häßlichen Wetter nahe dem Zentrum eines Tiefdruckgebiets oder eines Tiefdrucktrogs künden tiefe, klumpige Wolken von starken Böen. Windstärke vermutlich schon 6...7; in Böen 7...9 möglich. Die Böen kommen oft mit einer Wolkenwalze oder -front, hinter der es aufklart (ähnlich 2), aber hart bläst.

4 In wirklich schlechtem Wetter eilen die Zeichen des Windes, vom Sturm gepeitscht, schnell vorbei. Ist bei uns herunten Sturm, ist es oben noch mehr, und turbulente Windwirbel kommen als Wolkenwalzen auf uns zu, treiben die Bö örtlich auf Stärke 9...10, extrem auch auf 11. Solche Böen dauern nicht lang, müssen aber abgewettert werden, und mit zu viel Tuch ist ein Boot dann in ernsten Schwierigkeiten.

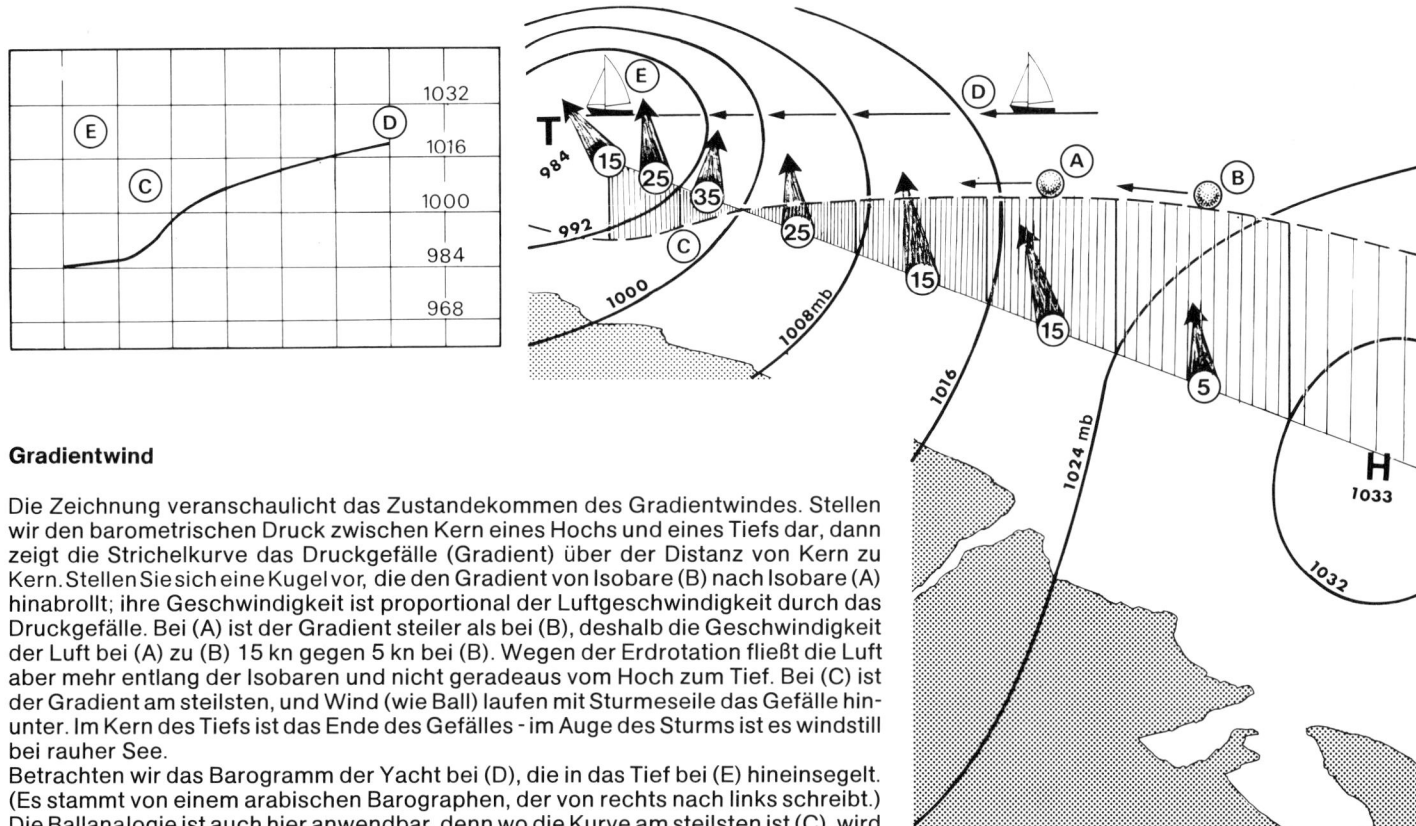

Gradientwind

Die Zeichnung veranschaulicht das Zustandekommen des Gradientwindes. Stellen wir den barometrischen Druck zwischen Kern eines Hochs und eines Tiefs dar, dann zeigt die Strichelkurve das Druckgefälle (Gradient) über die Distanz von Kern zu Kern. Stellen Sie sich eine Kugel vor, die den Gradient von Isobare (B) nach Isobare (A) hinabrollt; ihre Geschwindigkeit ist proportional der Luftgeschwindigkeit durch das Druckgefälle. Bei (A) ist der Gradient steiler als bei (B), deshalb die Geschwindigkeit der Luft bei (A) zu (B) 15 kn gegen 5 kn bei (B). Wegen der Erdrotation fließt die Luft aber mehr entlang der Isobaren und nicht geradeaus vom Hoch zum Tief. Bei (C) ist der Gradient am steilsten, und Wind (wie Ball) laufen mit Sturmseile das Gefälle hinunter. Im Kern des Tiefs ist das Ende des Gefälles - im Auge des Sturms ist es windstill bei rauher See.

Betrachten wir das Barogramm der Yacht bei (D), die in das Tief bei (E) hineinsegelt. (Es stammt von einem arabischen Barographen, der von rechts nach links schreibt.) Die Ballanalogie ist auch hier anwendbar, denn wo die Kurve am steilsten ist (C), wird der Ball am schnellsten rollen, entsprechend der stärkste Wind angetroffen.

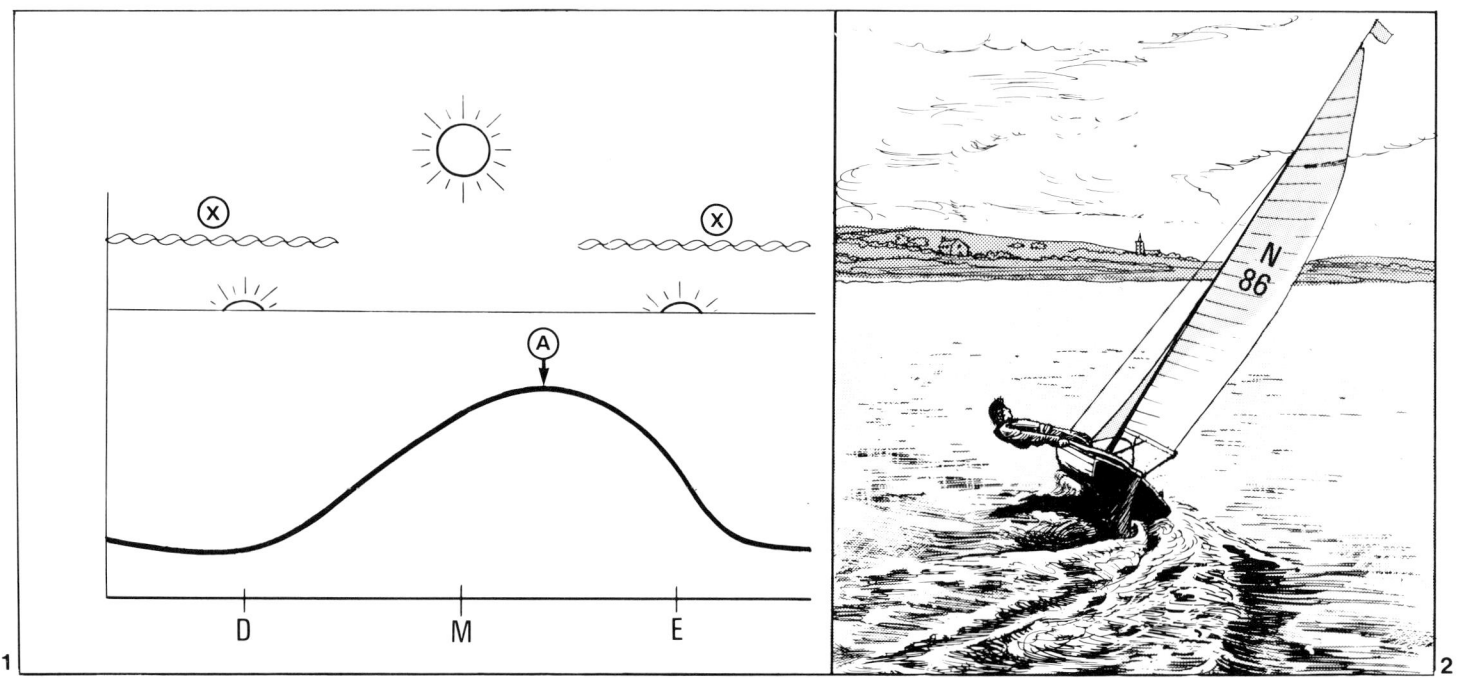

Windgeschwindigkeit im Tageslauf

1 Am langsamsten ist der Wind zur Dämmerung D, aber er wird bald schneller bis zum Maximum (A) 1...2 h nach Ortsmittag M. Dann sinkt der Wind mit der Sonne bei E, bei deren Untergang sogar Flaute eintreten kann. Dies hängt mit einer Schönwetterlage über Land zusammen, aber das Muster gilt abgeschwächt auch für andere Wetterlagen. Nachts weht es gewöhnlich schwächer, nach Mittag am stärksten. Morgens kommt der Wind plötzlich, wenn die Inversionsschicht aufbricht (x), der thermische Deckel, der sich nachts über Land bildet. Abends verschwindet der Wind ebenso plötzlich, wenn sich die Inversion neu bildet.

Morgen

2 Morgens ist die typische Windstärke etwa 2...3 (5... 10 kn), aber es kann der launischste Wind des Tages sein. In der Zeichnung deutet die See auf einen leichten mittleren Wind hin, aber in das Boot fällt eine plötzliche Bö. Das ist kennzeichnend für die Morgenlaunen des Windes.

Nachmittag

3 Nachmittags ist der Wind gewöhnlich am stärksten und stetigsten. Was morgens mit typischer Stärke 2...3 begann, wird nachmittags 4...5, wobei die größeren Jollen nahezu pausenlos Gleitfahrt machen, die kleineren bei halbem bis raumem Wind.

Abend

4 Wenn sich die Sonne dem Horizont nähert, läßt der Wind nach. Aus Stärke 4...5 nachmittags wird dann 2...3 oder gar 0...2, wenn der Landeinfluß überwiegt. In der Nacht wird er dann wieder launisch - mit manchmal ausgefallenen Spitzenböen, weshalb es nachts ratsam ist, weniger Tuch zu fahren als unter gleichen Bedingungen am Tage.

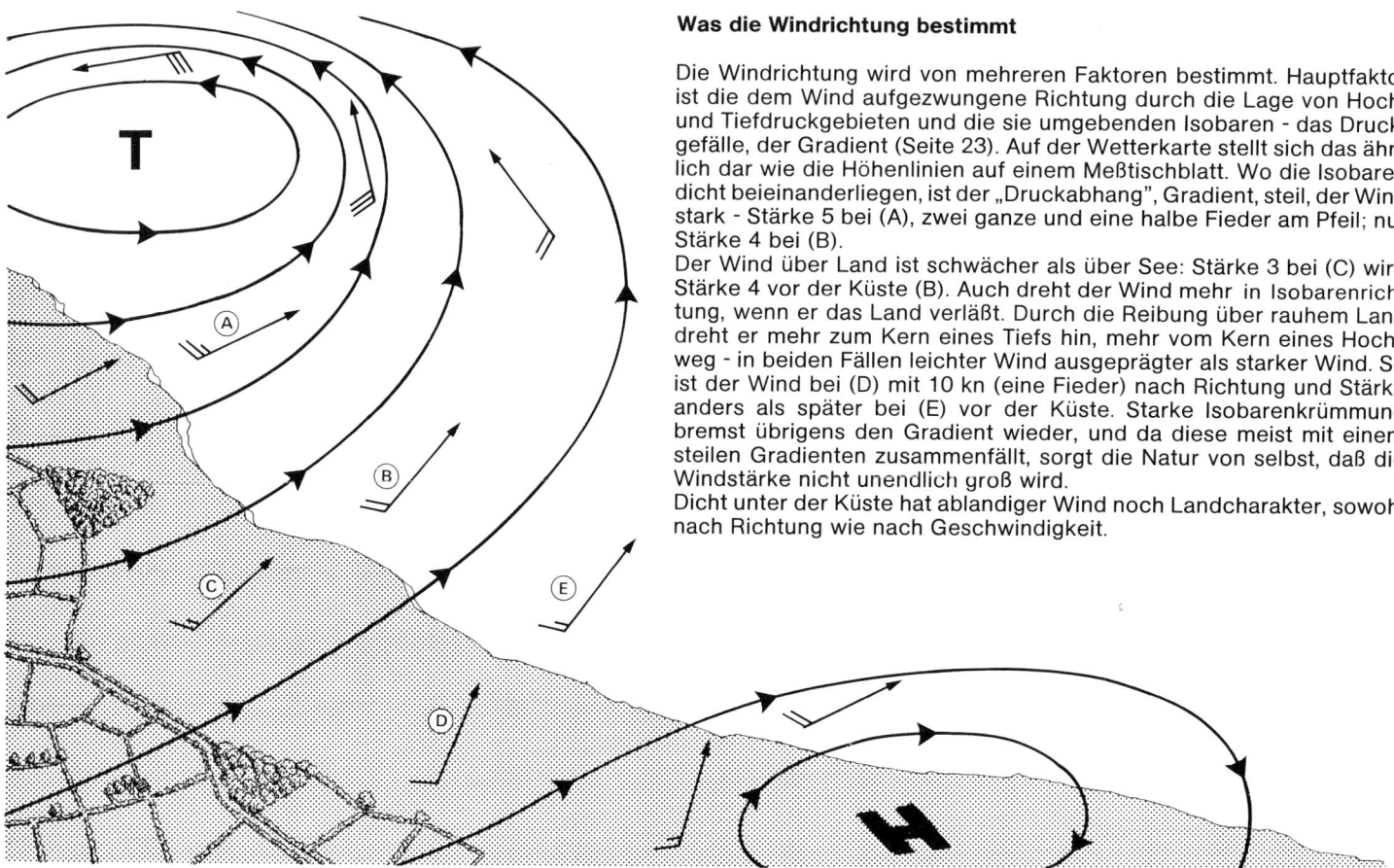

Was die Windrichtung bestimmt

Die Windrichtung wird von mehreren Faktoren bestimmt. Hauptfaktor ist die dem Wind aufgezwungene Richtung durch die Lage von Hoch- und Tiefdruckgebieten und die sie umgebenden Isobaren - das Druckgefälle, der Gradient (Seite 23). Auf der Wetterkarte stellt sich das ähnlich dar wie die Höhenlinien auf einem Meßtischblatt. Wo die Isobaren dicht beieinanderliegen, ist der „Druckabhang", Gradient, steil, der Wind stark - Stärke 5 bei (A), zwei ganze und eine halbe Fieder am Pfeil; nur Stärke 4 bei (B).

Der Wind über Land ist schwächer als über See: Stärke 3 bei (C) wird Stärke 4 vor der Küste (B). Auch dreht der Wind mehr in Isobarenrichtung, wenn er das Land verläßt. Durch die Reibung über rauhem Land dreht er mehr zum Kern eines Tiefs hin, mehr vom Kern eines Hochs weg - in beiden Fällen leichter Wind ausgeprägter als starker Wind. So ist der Wind bei (D) mit 10 kn (eine Fieder) nach Richtung und Stärke anders als später bei (E) vor der Küste. Starke Isobarenkrümmung bremst übrigens den Gradient wieder, und da diese meist mit einem steilen Gradienten zusammenfällt, sorgt die Natur von selbst, daß die Windstärke nicht unendlich groß wird.

Dicht unter der Küste hat ablandiger Wind noch Landcharakter, sowohl nach Richtung wie nach Geschwindigkeit.

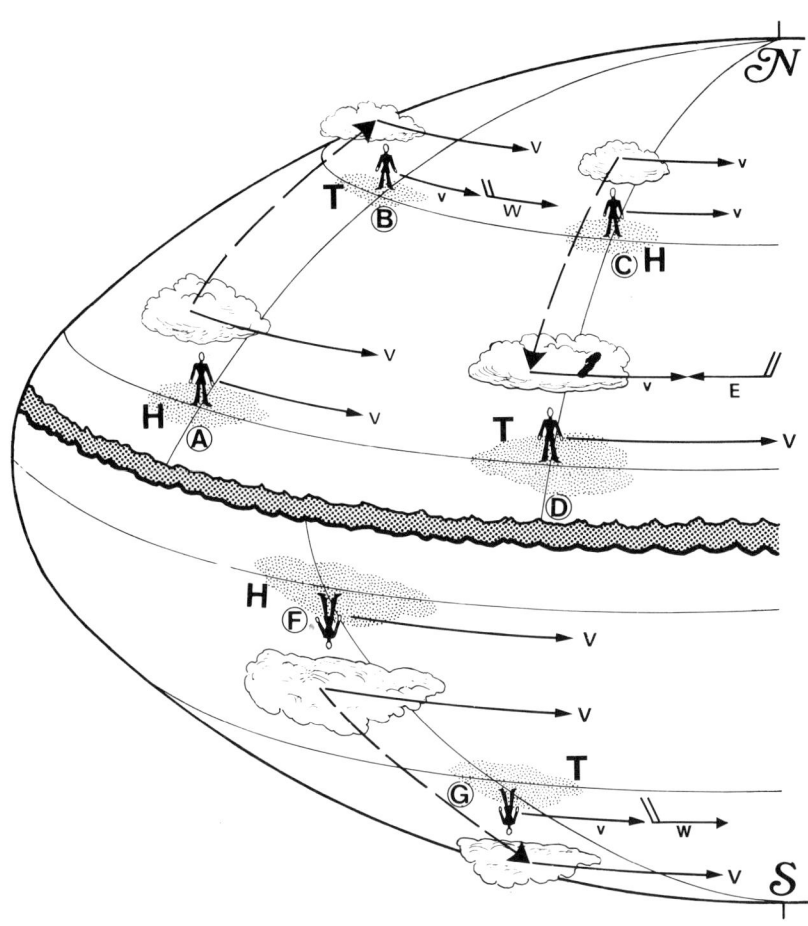

Einfluß der Erddrehung auf die Windrichtung

Die Luft fließt von Stellen hohen Drucks H zu solchen tiefen Drucks T. Wegen der Erddrehung fließt der Wind aber nicht gerade von H nach T. Am Äquator der rotierenden Erdkugel reist man mit ~1600 km/h ostwärts, aber auf dem Weg nach Norden wird die Ostfahrt immer langsamer bis zu einer Drehung von 15⁰/h auf der Stelle am Pol.

Angenommen eine Luftmasse bei (A) liegt im Hoch ruhig über der Erde, kreist mit dieser also schnell ostwärts. Wegen des Tiefs bei (B) setzt sich die Luftmasse nach Nord in Bewegung, wobei sie aber frei von der Erdoberfläche ist und auch die Ostgeschwindigkeit v aus Äquatornähe beibehält.

Der Beobachter beim Tief von (B) hat die kleinere Ostgeschwindigkeit v, und die aus dem Süden kommende Luft passiert ihn als Westwind W, weil sie schneller nach Ost fließt als die Umfangsgeschwindigkeit des Breitenkreises von (B).

Umgekehrt, wenn vom Hoch bei (C) die Luft zu einem Tief südlich davon bei (D) fließt, wo sie mit kleinerer Ostgeschwindigkeit ankommt, so daß sie dem Betrachter als Ostwind E erscheint.

Daraus die Regel:
Stelle dich mit dem Rücken zum Wind, dann ist auf der Nordhalbkugel das Tief zur Linken.

Auf der Südhalbkugel erscheint die polwärts fließende Äquatorialluft in höherer (Süd-) Breite (G) ebenfalls wegen schnellerer Ostgeschwindigkeit als Westwind, und die Regel ist hier:
Stelle dich mit dem Rücken zum Wind, dann ist auf der Südhalbkugel das Tief zu deiner Rechten.

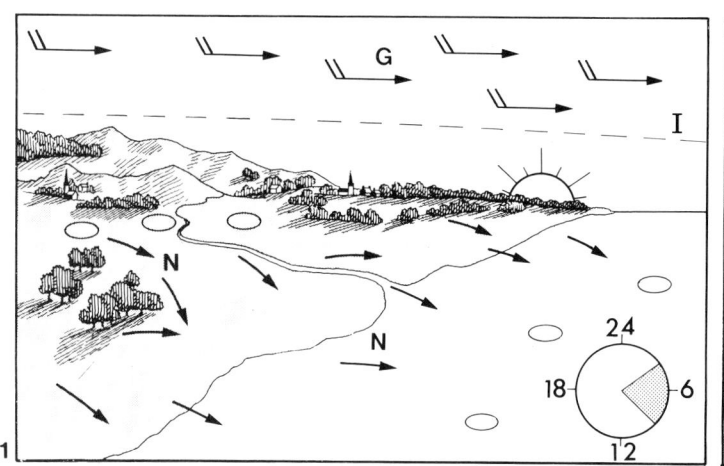

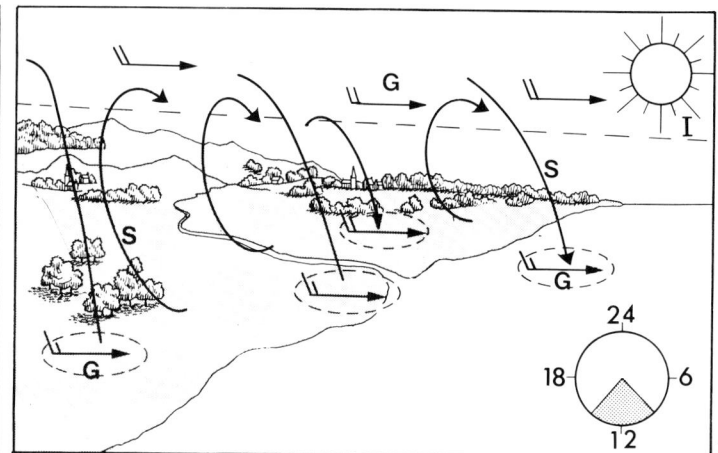

Windänderungen am Tage 1

Vorhersage: „Leicht bis mäßig oder leicht, drehend." In Küstennähe gibt es nach solchen Wetterberichten gewöhnlich vier bestimmte Windmuster, je nach Tageszeit aufeinander folgend.

1 Früher Morgen: Von der Dämmerung bis Ende der einstelligen Uhrzeiten leichte Landbrise, der Nachtwind N. Er ist träge durch die vielen Hindernisse an Land und vom Gradientwind G durch die Inversionsschicht I getrennt, die sich über Nacht gebildet hat und erst aufgebrochen wird, wenn die Sonne den Boden erwärmt hat, an dem sich dann die bodennahe Luft wieder erwärmt - Luft nimmt kaum Wärme durch Strahlung auf. In diesem Stadium gibt es zahlreiche örtliche Windstillen. **2 Vormittag:** Spätestens gegen 10...11

Uhr hat die Sonne die Inversion durchbrochen. Der zweite Tagwind kommt und fegt den Wind vom frühen Morgen weg. Dieser ist voraussichtlich leicht bis mäßig und kommt aus einer anderen Richtung. Das rührt daher, daß der ursprüngliche Wind über der Inversionsschicht (also der Gradientwind G) durch die Thermik in Klumpen bodenwärts gedrückt wird, was wiederum den Oberflächenwind S beschleunigt. Die Folge: wechselhaft in Richtung und Stärke. Scheint die Sonne jedoch weiter und ist noch kein Wind von See her zu spüren, dann erwarten wir den nächsten Hauptwind - die Seebrise.

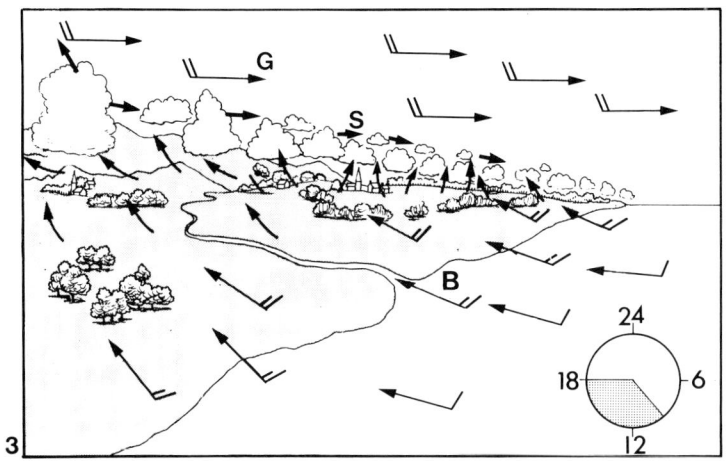

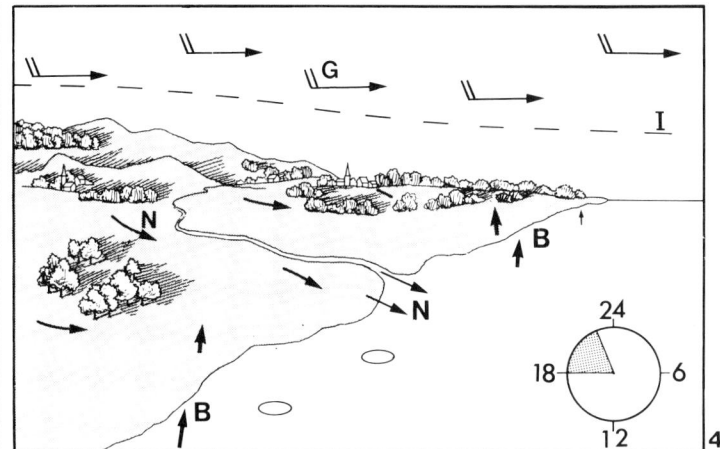

Windänderungen am Tage 2

Vorhersage: „Leicht bis mäßig, Seebrise möglich."

3 Nachmittag: Zur Mittagszeit hat sich bei Schönwetterlage die Seebrise B zur Stetigkeit entwickelt - an jeder Küste, wenn die Sonne scheint. In der westlichen Ostsee ist dieser örtliche Druckunterschied zwischen See und Land stark genug, eine leichte Westwindlage S durch ein Tief über Skandinavien aufzuheben; die Seebrise kommt dann eventuell erst nachmittags durch - kommt sie durch, dann bleibt sie stetig bis zum Abend. An Tagen mit stärkerem Wind und Wolken, die die Sonne zeitweilig bedecken, bleibt die unstetige Vormittagswindlage bestehen. Mit Beginn des Abends entsteht je-denfalls immer die letzte Windlage des Tages. **4 Abend:** Sobald die Sonne sich der westlichen Kimm nähert, bildet sich wieder die Inversion I. Das Land verliert schnell Wärme durch Strahlung in den Weltraum, und die bodennahe Luft kühlt sich am Boden ab. Luft sinkt von oben nach, der Druck steigt etwas; zunächst kein Horizontalwind: Abendwindstille. Die See strahlt weniger Wärme ab, bleibt wärmer als das Land, die Seebrise B weht nun als Thermik nach oben, was den Luftdruck senkt. In dieses nächtliche Ortstief fließt Luft vom Lande: die nächtliche Landbrise N.

Großwetterlagen mit kräftigen Druckunterschieden und also starken Gradientwinden lassen solche Windidylle nicht zu.

29

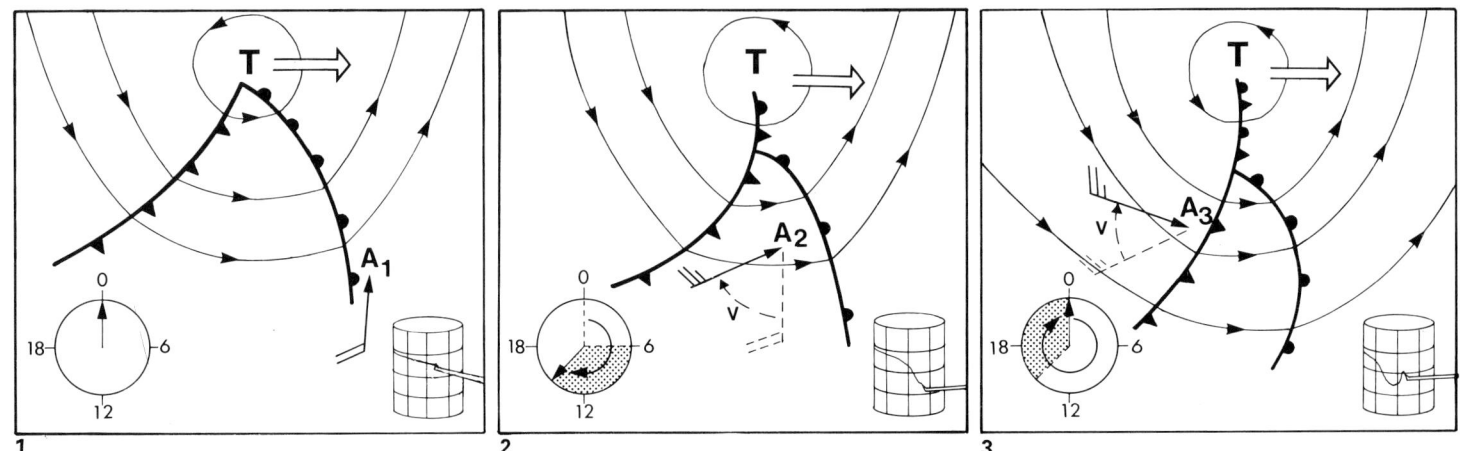

Durchzug eines Tiefs

Vorhersage: Ein Tief zieht westwärts durch. **Bedeutet:** Wind erst rückdrehend auf Süd, dann rechtsdrehend auf West, später Nordwest. (Erst krimpt er, dann schießt er aus.)
Wenn das typische Nordbreitentief durchzieht, wird ein Segelrevier wie A von zwei Fronten oder einer Okklusion passiert.

1 Die typische Windrichtung vor der Warmfront ist SE bis SW, die typische Geschwindigkeit 15...20 kn. Das Barometer fällt langsam. Verfolgen wir den Durchzug mit dem Zeitmesser, dann ist jetzt Zeit null. Für die weiteren Phasen wird der dafür charakteristische Zeitablauf gezeigt.
Sollte das Barometer schnell fallen, ist mit baldigem Sturm zu rechnen.

2 Während der Tiefkern nördlich A vorbeizieht und A im Warmluftsektor liegt, erreicht die Barogrammkurve den niedrigsten Punkt und bleibt auf diesem Druck bis zum Ankommen der Kaltfront. Es ist der Durchzug des Schlechtwetters, schlechter als vor der Warmfront und hinter der Kaltfront. Es ist wolkig, regnerisch und etwas windiger: 5...6 Bft. Es könnte eine plötzliche Böenfront geben mit einem Windsprung.

3 Der Wind dreht rechts, entweder allmählich oder in mehreren Sprüngen. Der Warmsektor braucht üblicherweise 6...12 h für seinen Durchzug, je nachdem wie nahe der Kern des Tiefs ist und wie schnell er wandert.
Beim Passieren der Kaltfront dreht der Wind weiter bis etwa NW. Die Luft ist kühl, wolkig, manchmal Schauer. Haufenwolken sind typisch für dieses „Rückseitenwetter"
Die Barogrammkurve steigt allmählich, was Ankunft eines Zwischenhochs anzeigt. Bis dahin können seit Phase 1 etwa 16...24 h verstrichen sein. Steigt das Barometer schnell bei Auflösung der Haufenwolken oder aufziehenden Schichtwolken, ist mit stärkerem Wind zu rechnen.

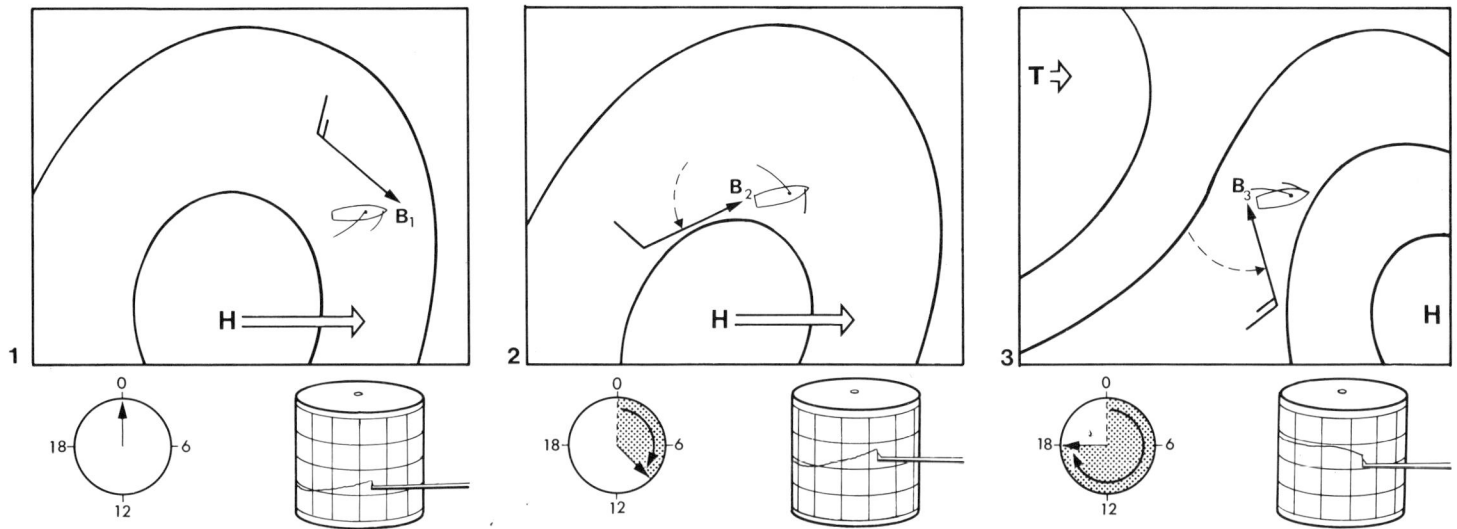

Durchzug eines Zwischenhochs

1 Oft passiert zwischen zwei Tiefs ein Hochrücken unser Gebiet, und die charakteristische Dauer der damit verbundenen Windwechsel ist 20 h oder so. Zur Zeit 1 ist ein NW von 15 kn typisch. Die Darstellung trifft am ehesten für gemäßigte Breiten zu und ist die Fortsetzung eines vor kurzem abgezogenen Tiefs. Der Himmel wird klar, das Barometer steigt langsam.

2 Einige Stunden später überholt der Kamm des Hochs selbst eine vor dem Wind segelnde Yacht. Der Wind hat stetig rückgedreht (gegen Uhrzeigersinn) und auf 5...10 kn abgeflaut, wobei er für eine längere Schönwetterperiode bleiben könnte.

3 In einer Kette von Tiefs ist es wahrscheinlicher, daß der Wind weiter bis Süd krimpt, während die Barometerkurve mit zunehmendem Gefälle absinkt. Der Wind wird vermutlich stärker, und alles kündet so den Heranzug eines neuen Tiefs an. Bis dahin ist das Wetter freundlich.

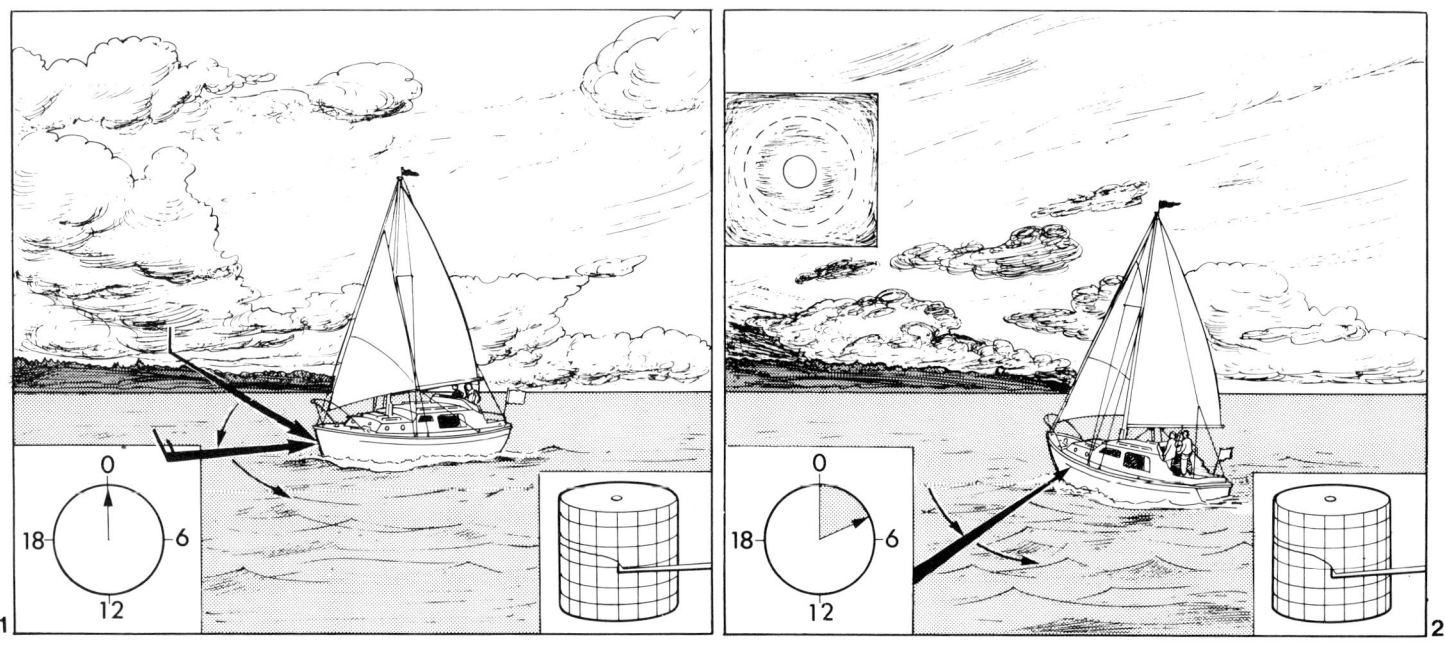

Rückdrehender Wind kündet Schlechtwetter an

1 Das erste Zeichen zu rückdrehendem Wind für Wetterverschlechterung sind Cirren über Cumuli. Zunächst mag der typische NW- bis W-Wind noch zaudern, nach S zu drehen, das Barometer zögern, schon richtig zu fallen. Das schlechte Wetter ist nach aller Regel noch 8...12 h weit weg.

2 Der nächste Schlechtwetterbote ist ein hoher, milchiger Schleier anstelle der Cirren. Sonne oder Mond zeigen einen Haloring. Die übliche Zeit bis zum Eintreffen der Warmfront mit dem zugehörigen Ausschießer (Rechtsdrehung) ist nun 6...9 h - in dieser Zeit dreht der Wind deutlich nach SW oder gar S. Das Barometer fällt nun schnell, und dunkle Altostratus-Wolken ziehen auf, Cumuli werden schwarz und zerfließen.

3 Nun wird die Verschlechterung offensichtlich. Große, dunkle, oft flache Wolkenbänke kommen aus Lee. Der Wind krimpt nach S oder ist schon da, dreht manchmal nach SE, frischt auf. Die See wird dunkel, aber das sieht oft schlimmer aus, als es wird. Fällt das Barometer steil, wird der Wind hart. Seegang wächst. Fällt das Barometer langsam, bleibt der Wind schwächer und dreht nicht so weit zurück. Typische Zeit bis zum Eintreffen der Warmfront jetzt 3...6 h.

4 Unter dem bedeckten Himmel hat der Wind zugenommen und gekrimpt. Wenn nun die Front durchkommt, springt er nach West um (Ausschießer). Das Barometer ist ständig gefallen. Mit dem „Silberstreif" am Horizont kommt der Ausschießer, die Barometerkurve flacht ab oder steigt etwas. Die Zeit bis dahin ist nicht mehr sehr lang.

33

Windausschießer an der Warmfront

Kurz vor Ankunft der Warmfront macht eine ganze Entwicklungs-geschichte von Wolkenlagen immer tieferen Niveaus mit einsetzendem Regen einem klar, daß sich bald was ändern muß. Ein heller Streifen oder Bruch in der Düsternis kündet den Windsprung um rund 90° an - mehr oder weniger plötzlich, aber immer deutlich. Die Lage in Bild 3 ist gleich hinter der Warmfront W, deren Wolkenwand nach Ost abzieht. Der Wind A unter Wolken und Regen war S oder gar SE; nun bläst er -B- aus SW bis W mit meist 15...20 kn. Oft folgt ein kurzes Stück klarer Himmel der Front, und dann kommen Stratus und Stratocumuli heran (links im Bild). Niesel, Dunst oder Nebel können auftreten.

Unter den Schleppenzipfeln der Frontwolke (Virga) kommt der Ausschießer heran, das Barometer fängt sich (2). Die neue Lage der Yacht dicht hinter der Warmfront zeigt (1). Der Regen ist weg, es nieselt noch, und die Sicht ist häsig (trüb), die Luft feucht und relativ warm.

Die nächste deutliche Winddrehung kommt mit der Kaltfront.

34

Mehr Ausschießer - die Kaltfront

Die Annäherung einer Kaltfront ist meist erkennbar. Die Hauptkennzeichen zeigt die Zeichnung. Die niedrige Wolkenlinie zeigt die wahrscheinliche Stelle einer Winddrehung. Regen möglich. Die Kaltfrontwolke wird manchmal durch vorliegende tiefhängende Wolken verdeckt, zuweilen ist aber ein Stück klarer Himmel davor, so daß man sie kommen sieht.

In der dargestellten Lage können wir unter der Front durchsehen bis zu den Schauerwolken dahinter in der Kaltluft. Der augenblickliche SW-Wind wird nach kurzer Zeit nach W ausschießen, wahrscheinlich unter der Hinterkante der niedrigen Wolke (Virga). Die plötzliche Drehung und Zunahme sollte eine Yacht auf dem gezeigten Kurs nicht überraschen, aber Bb-Schoten ist der vernünftige Kurs, weil man beim Ausschießer anluven kann. Bei Stb-Schoten könnte die Yacht bei der Winddrehung ohne Fahrt plötzlich im Wind liegenbleiben.

Die Wetterkarte wird wie bei (2) aussehen: Winddrehung bei (C), nachfolgend Regen und Schauer, kühler, Barometer (3) beginnt allmählich zu steigen.

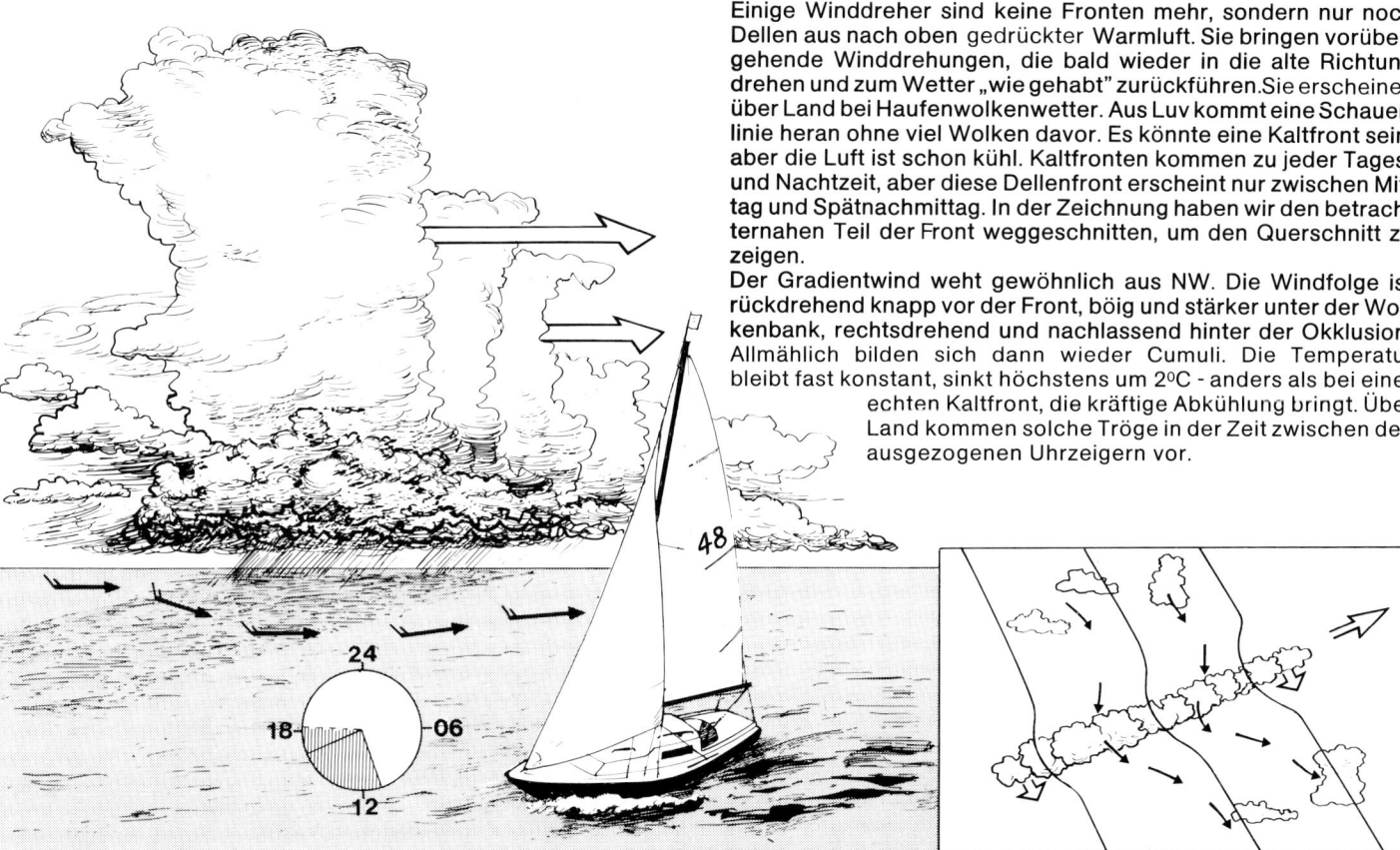

Okklusionsfront - Trog

Einige Winddreher sind keine Fronten mehr, sondern nur noch Dellen aus nach oben gedrückter Warmluft. Sie bringen vorübergehende Winddrehungen, die bald wieder in die alte Richtung drehen und zum Wetter „wie gehabt" zurückführen. Sie erscheinen über Land bei Haufenwolkenwetter. Aus Luv kommt eine Schauerlinie heran ohne viel Wolken davor. Es könnte eine Kaltfront sein, aber die Luft ist schon kühl. Kaltfronten kommen zu jeder Tages- und Nachtzeit, aber diese Dellenfront erscheint nur zwischen Mittag und Spätnachmittag. In der Zeichnung haben wir den betrachternahen Teil der Front weggeschnitten, um den Querschnitt zu zeigen.

Der Gradientwind weht gewöhnlich aus NW. Die Windfolge ist rückdrehend knapp vor der Front, böig und stärker unter der Wolkenbank, rechtsdrehend und nachlassend hinter der Okklusion. Allmählich bilden sich dann wieder Cumuli. Die Temperatur bleibt fast konstant, sinkt höchstens um 2°C - anders als bei einer echten Kaltfront, die kräftige Abkühlung bringt. Über Land kommen solche Tröge in der Zeit zwischen den ausgezogenen Uhrzeigern vor.

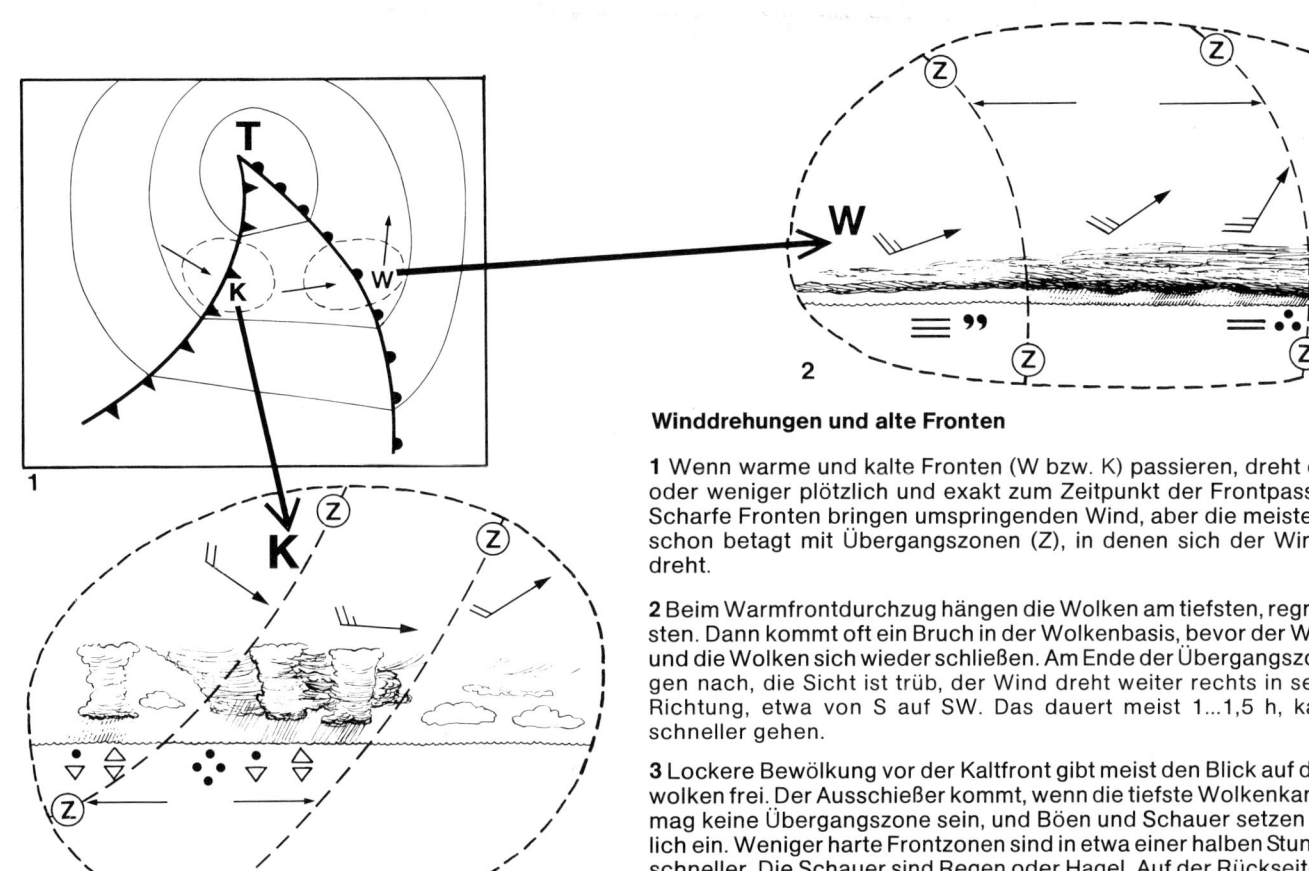

Winddrehungen und alte Fronten

1 Wenn warme und kalte Fronten (W bzw. K) passieren, dreht der Wind mehr oder weniger plötzlich und exakt zum Zeitpunkt der Frontpassage (S.34/35). Scharfe Fronten bringen umspringenden Wind, aber die meisten Fronten sind schon betagt mit Übergangszonen (Z), in denen sich der Wind stufenweise dreht.

2 Beim Warmfrontdurchzug hängen die Wolken am tiefsten, regnet es am stärksten. Dann kommt oft ein Bruch in der Wolkenbasis, bevor der Wind ausschießt und die Wolken sich wieder schließen. Am Ende der Übergangszone läßt der Regen nach, die Sicht ist trüb, der Wind dreht weiter rechts in seine endgültige Richtung, etwa von S auf SW. Das dauert meist 1...1,5 h, kann aber auch schneller gehen.

3 Lockere Bewölkung vor der Kaltfront gibt meist den Blick auf die tiefen Frontwolken frei. Der Ausschießer kommt, wenn die tiefste Wolkenkante passiert. Da mag keine Übergangszone sein, und Böen und Schauer setzen hart und plötzlich ein. Weniger harte Frontzonen sind in etwa einer halben Stunde vorüber, oft schneller. Die Schauer sind Regen oder Hagel. Auf der Rückseite der Zone läßt der Regen nach, die Wolken heben sich, der Wind dreht rechts von gewöhnlich SW bis NW und ist böig mit gelegentlichen Schauern. Die Sicht ist meist gut.

37

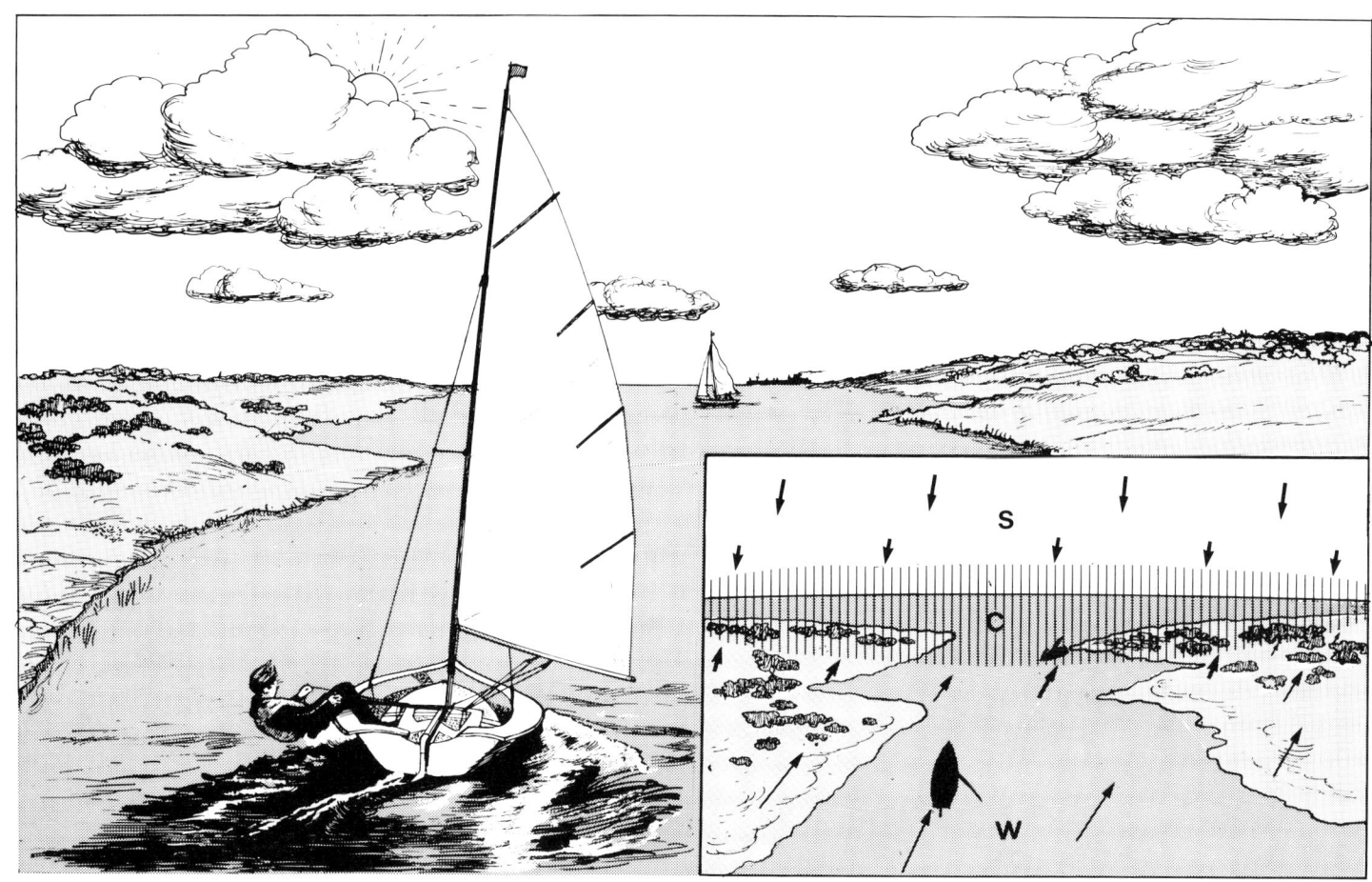

Morgen mit Seebrise

Der typische Seebrisenmorgen ist gekennzeichnet durch
a) leichten Wind,
b) klaren Himmel in der Frühe, später Cumulus.

Die dargestellte Lage gehört zu denen mit den gründlichsten Winddrehungen. Die Jolle segelt mit Backstagsbrise in der Flußmündung auf die freie See zu, und der Wind W kommt deshalb vom Land her. Die Zeit ist gewöhnlich ja so um den mittleren bis späten Morgen, und an der Küstenlinie mögen sich schon Anzeichen der aufkommenden Seebrise zeigen. Schiffe weit draußen werden noch nichts von einer Seebrise erkennen lassen, weil sie außerhalb ihres Wirkungsbereichs laufen. Ein Segelboot nahe der Flußmündung liegt nahezu oder völlig bekalmt, was anzeigt, daß die der Seebrise vorangehende Flaute C sich über der Küstenlinie befindet; diese wird landeinwärts kommen und auch die Jolle bekalmen. Das geht vorüber, aber wenn die Tide auf Flut steht, bleibt man besser in Ufernähe - rechtes Ufer im dargestellten Fall, weil es nicht im Windschatten liegt. Setzt sich allerdings die Seebrise S durch, dann kommt sie über das rechte Ufer.

Rechts ist eine Wetterkarte abgebildet, nach der höchstwahrscheinlich eine solche Morgenwindlage an Großbritanniens und Nordfrankreichs Küste zu erwarten ist. Ein großes Azorenhoch und die NW-Winde vom Atlantik begünstigen die Bildung von Schönwetter-Haufenwolken über dem in dieser Beziehung nicht verwöhnten Süd-England und dem Ärmelkanal. Wenn die Seebrise am Morgen längs der viele hundert Kilometer langen Küsten des Ärmelkanals einsetzt und bis zum späten Nachmittag in Bewegung bleibt, wälzt sie eine Luftmasse von Millionen Tonnen um.

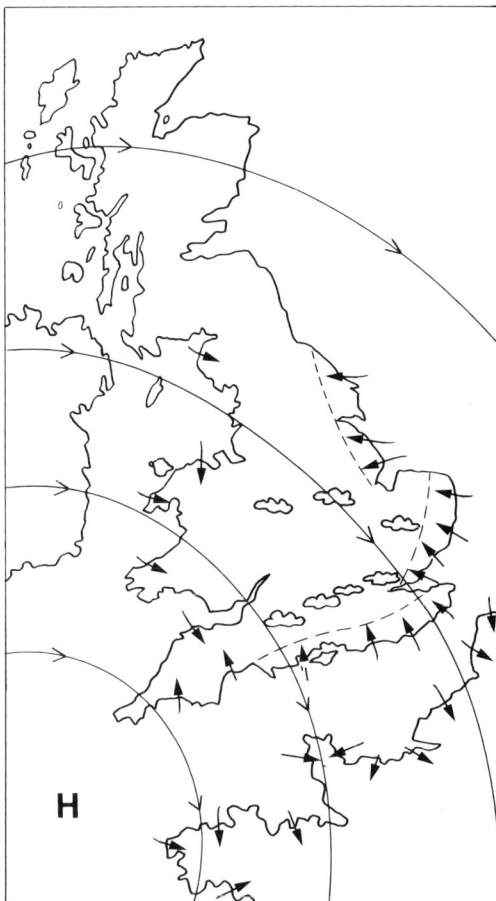

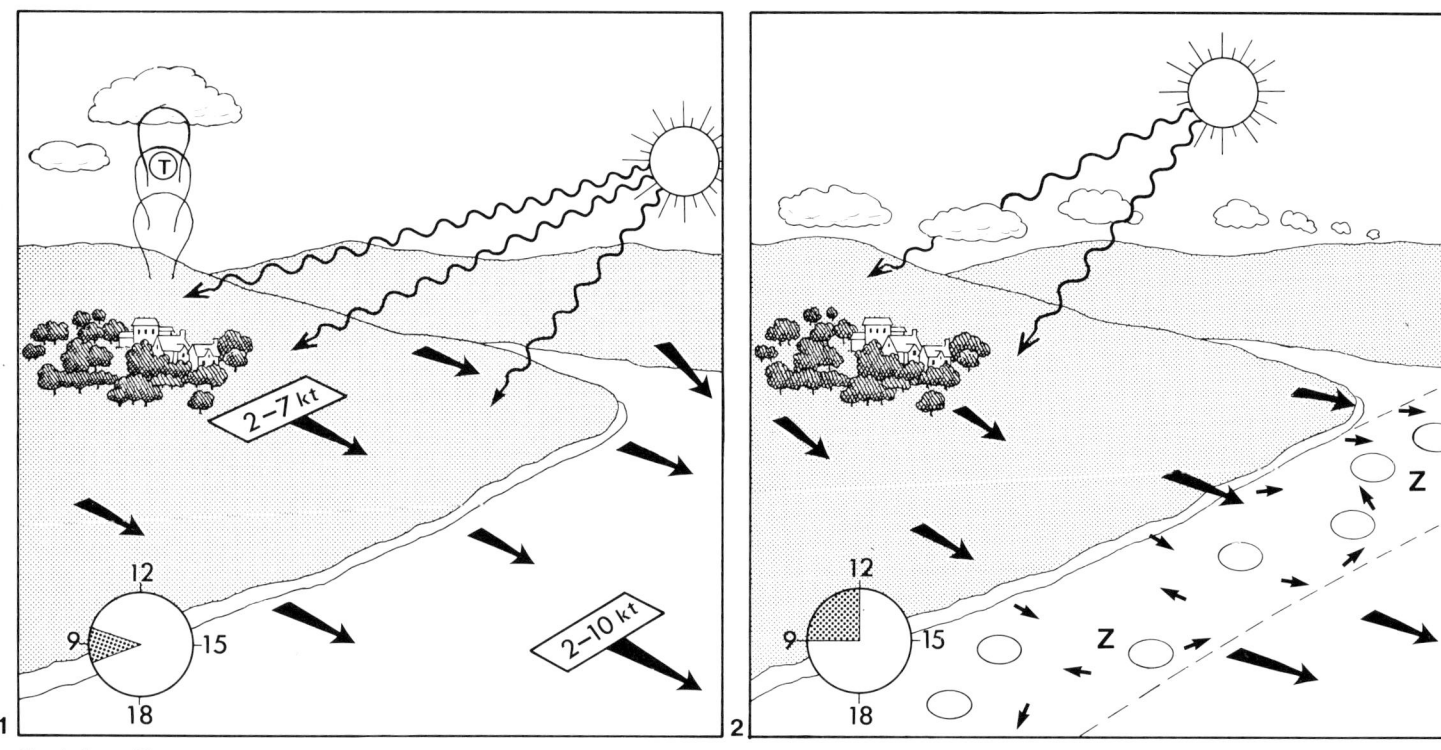

Seebrisen-Tag

1 Der Seebriseneffekt setzt dann ein, wenn die Sonne das Land aufheizt und Thermik T erzeugt, erkennbar an ersten Cumuli (zwar nicht zwingend vorgeschrieben). Die Skizze zeigt frühe Morgenstund mit sehr wahrscheinlicher Brise, nicht mehr als 6...7 kn im Mittel, vorzugsweise weniger. (kt = engl. für Knoten, kn.)

2 Hier wirken zum mittleren Vormittag bereits Seebrisenkräfte. Es bildet sich ein flacher Flautenlochgürtel (Kreise) längs der Küstenlinie, der in Flußmündungen nicht einbiegt, sondern sie überspringt. Zahlreiche Cumuli haben sich nun über dem Land gebildet.

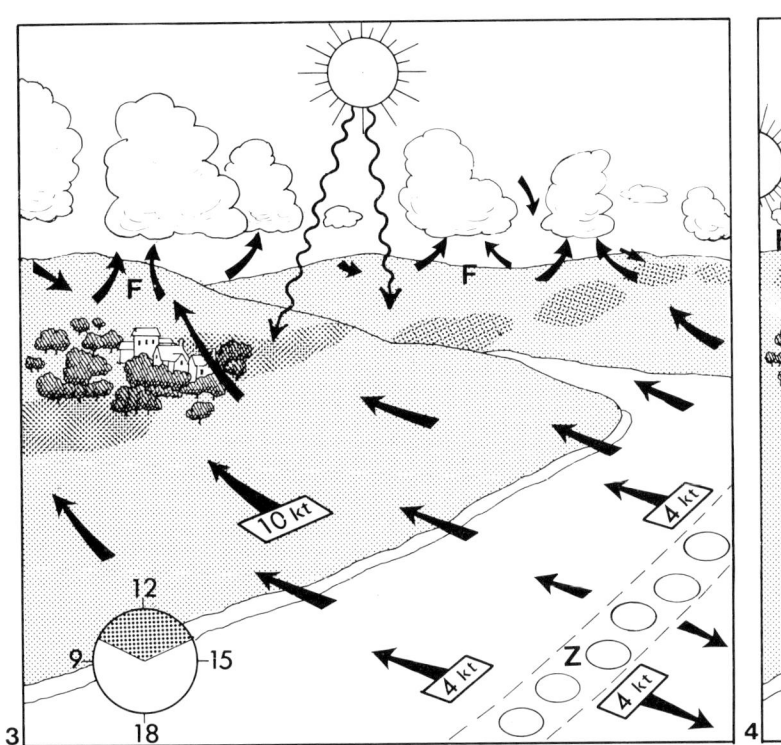

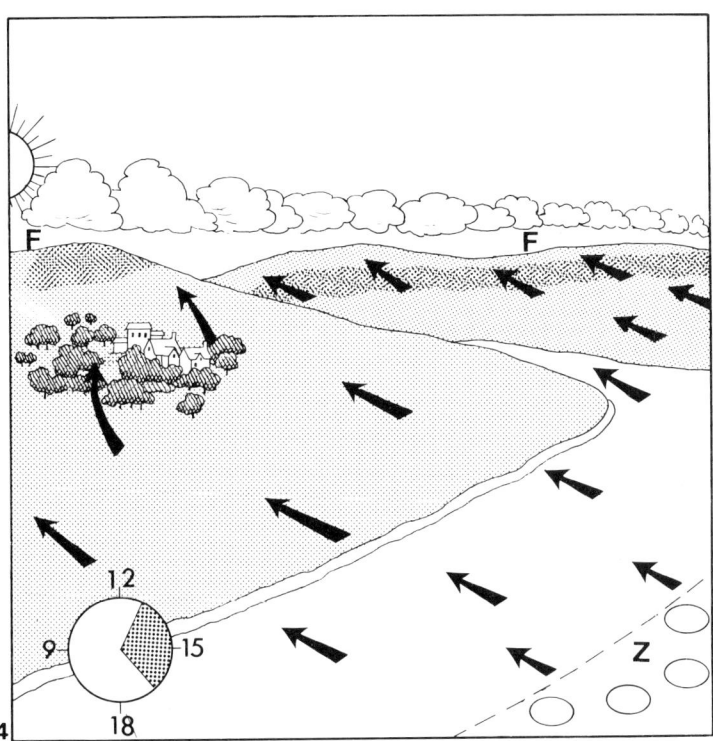

3 Nächstes Hauptereignis: Die Seebrise kommt an Land, sobald sich eine starke Thermik mit ihren Cumulushüten gebildet hat. Das sind richtige Thermikschläuche, die wie Kamine seewärtigen wie landwärtigen Wind nach oben reißen. Die Seebrise weht nun mit 10 kn landein und drückt die Thermikschlauchfronten F weiter landeinwärts.

4 Nachmittags liegt diese Front meist weit landein, und die Küste überstreicht stetiger Wind von See, der sie wolkenfrei hält.
Weiter draußen vor der Küste liegt der Flautengürtel, der im Laufe des Vormittags und Nachmittags immer weiter hinausgewandert ist - jenseits des Gürtels Z herrscht Morgenwind.

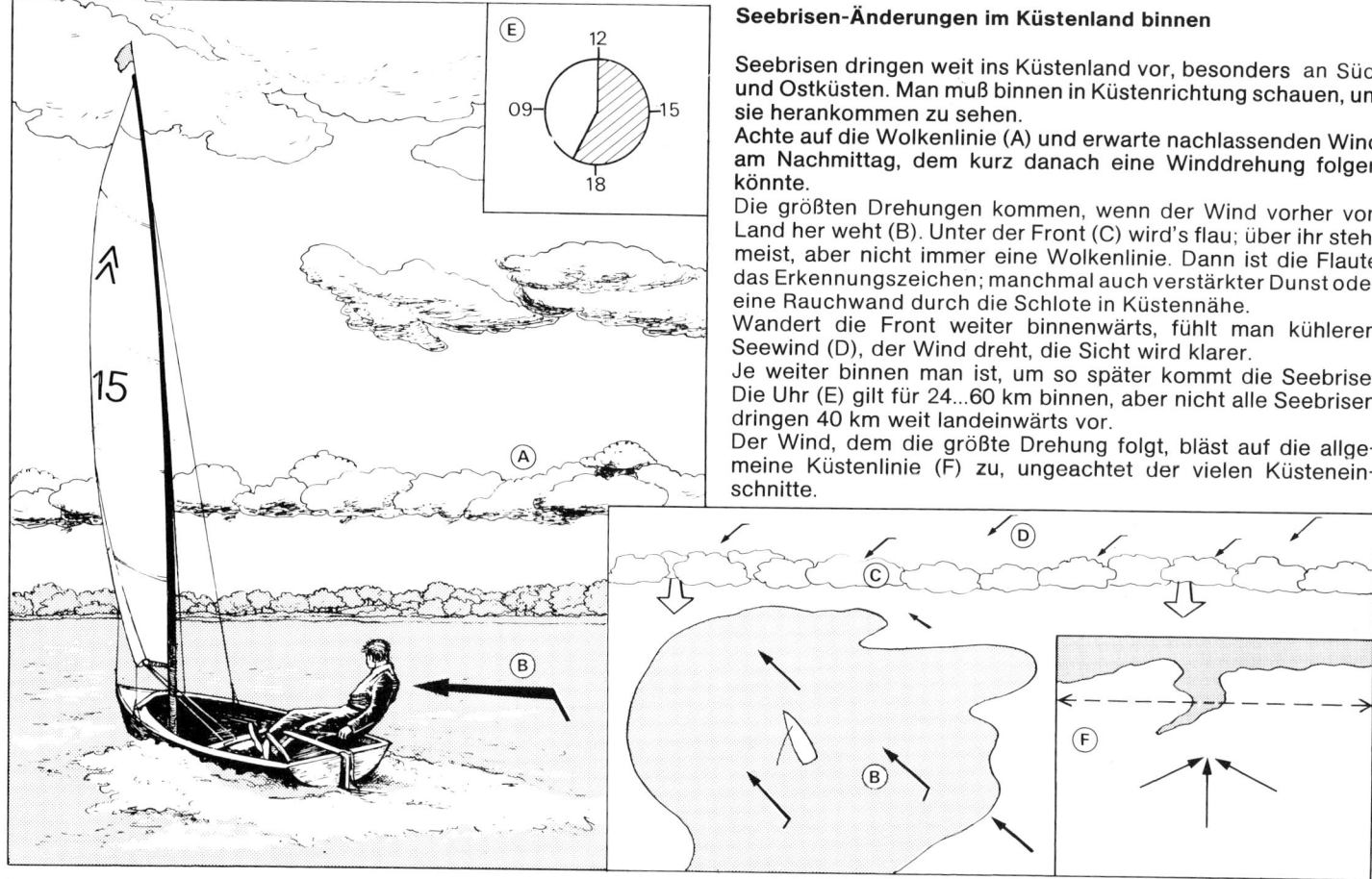

Seebrisen-Änderungen im Küstenland binnen

Seebrisen dringen weit ins Küstenland vor, besonders an Süd- und Ostküsten. Man muß binnen in Küstenrichtung schauen, um sie herankommen zu sehen.

Achte auf die Wolkenlinie (A) und erwarte nachlassenden Wind am Nachmittag, dem kurz danach eine Winddrehung folgen könnte.

Die größten Drehungen kommen, wenn der Wind vorher von Land her weht (B). Unter der Front (C) wird's flau; über ihr steht meist, aber nicht immer eine Wolkenlinie. Dann ist die Flaute das Erkennungszeichen; manchmal auch verstärkter Dunst oder eine Rauchwand durch die Schlote in Küstennähe.

Wandert die Front weiter binnenwärts, fühlt man kühleren Seewind (D), der Wind dreht, die Sicht wird klarer.

Je weiter binnen man ist, um so später kommt die Seebrise. Die Uhr (E) gilt für 24...60 km binnen, aber nicht alle Seebrisen dringen 40 km weit landeinwärts vor.

Der Wind, dem die größte Drehung folgt, bläst auf die allgemeine Küstenlinie (F) zu, ungeachtet der vielen Küsteneinschnitte.

42

Wie die Seebrise kommt

1 Zusammenstellung von Situationen, die nahe dem Flautengürtel unter der Seebrisenfront vorkommen können. Die See liegt ganz rechts hinterm Lagunenwall. Von See kommt die Brise, mit der das Boot rechts segelt. Ganz links weht noch leichte Landbrise. Das Boot in der Mitte ist bekalmt.

2 An warmen, ruhigen Tagen ist die Seebrise sehr träge, trotz der Hitze. Eine Inversion ist die Ursache. Im Küstenrevier herrscht verbreitet Flaute.

3 Manchmal pendelt eine dunkle Wolkenlinie dicht vor der Küste mal näher, mal ferner, weil die Seebrise gegen mäßige Landbrise ankämpft – gewöhnlich nachmittags. Das gibt die ulkigsten Winddrehungen – Regattaseglern der Kieler und Travemünder Woche wohlbekannt und von ihnen wenig geschätzt.

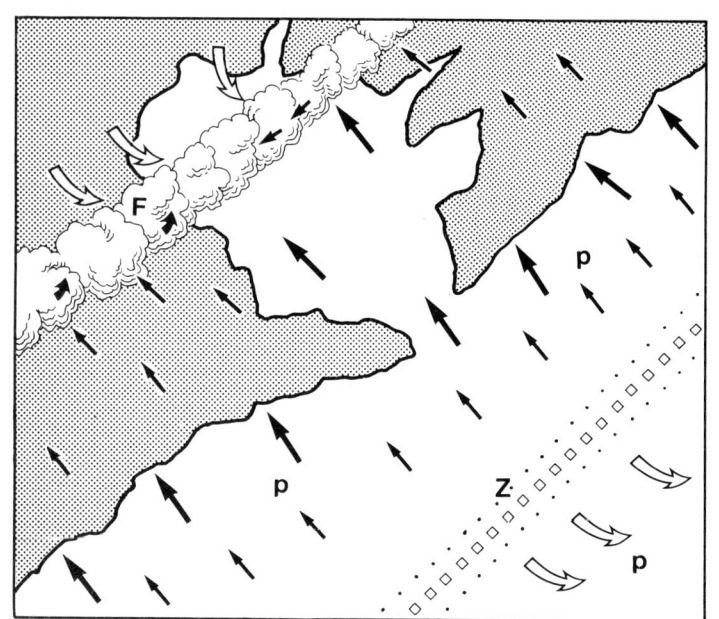

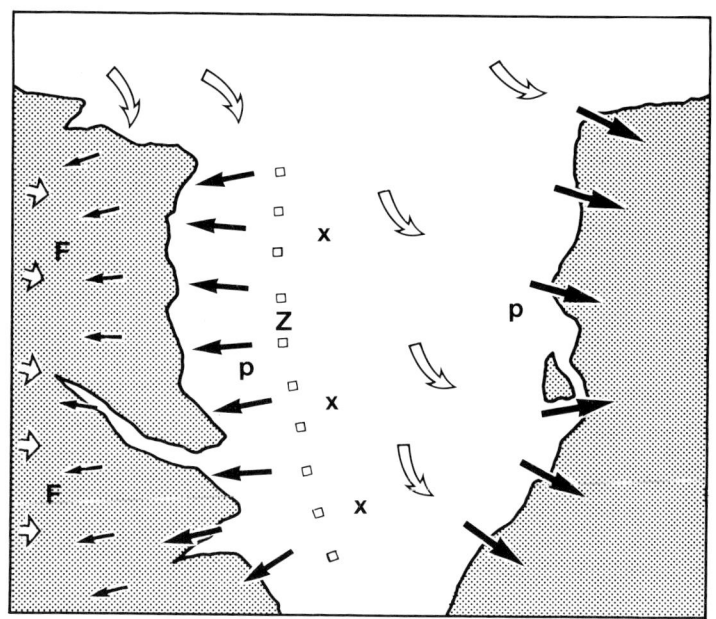

Küstentörn - Seebrise am Nachmittag

An Seebrisentagen liegt irgendwo draußen ein Flautengürtel (Z), den es zu meiden gilt. Je näher an der Küste, um so besser der Wind für schnelle Küstenfahrt (p). An Tagen mit kräftiger Seebrise liegt der Flautengürtel nachmittags 8...16 sm weit draußen. Erst seewärts dieses Küstenabstands (Z) kann man mit zuverlässigem Wind fürs Blauwassersegeln rechnen.

Seebrisen in weiten Buchten

Steht der Seewind im Winkel zu den Küsten großer Buchten oder Passagen (etwa 40 sm breit), kann die gezeichnete Seebrisen-lage vorkommen. Der Wind an der Luvküste (links) ist schwächer als an der Leeküste; vorausgesetzt, letzterer ist nicht stärker als 15 kn. Die Seebrisenfront liegt bei F, ein Flautengürtel bei Z. An der Leeküste verstärkt die Seebrise den Seewind (lichte Pfeile). Küstenfahrt ist in den mit p bezeichneten Zonen möglich. Wind in der x-Zone ist unstet.

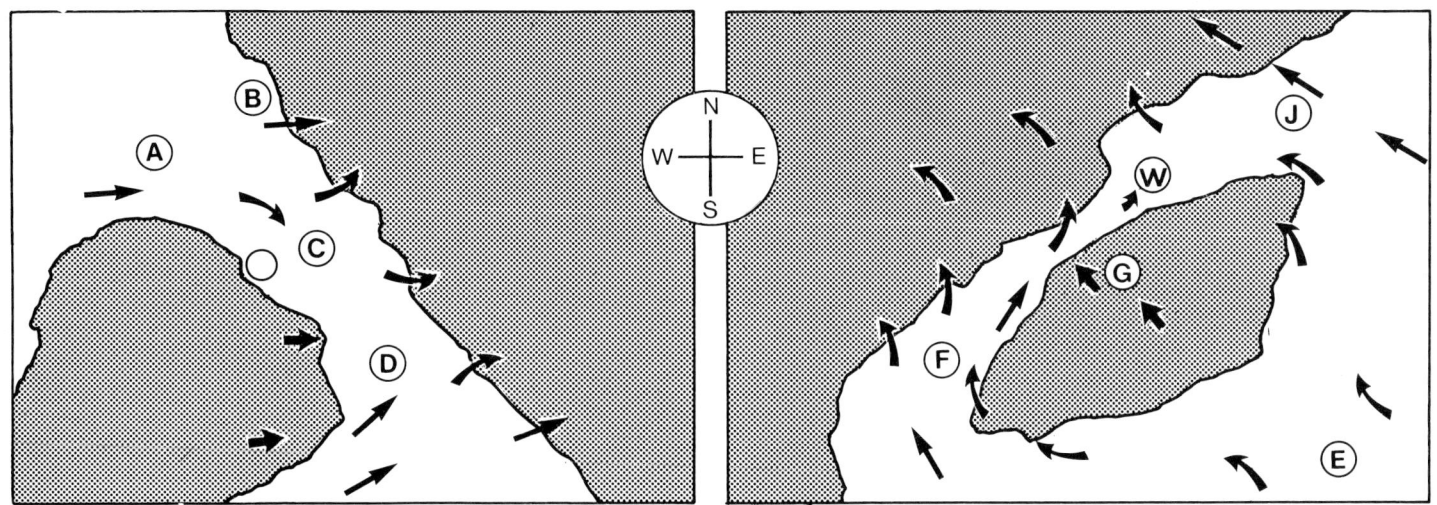

Seebrise in engen Passagen

Voraussetzung für Seebrise ist allgemein leichte Windlage. Im Fall links herrscht westlicher Wind (A). An der von der Insel ungestörten Küste (B) weht normale Seebrise.

Seebrisen sind Bodenwinde, und große Inseln lenken sie um sich herum. So kann bei (C) Windmangel herrschen, wenn die Brise nicht hereingezogen wird. An der Inselküste westlich (C) kann es enttäuschend flau sein. Bei (D) haben wir einen über einen flacheren Inselteil einwehenden Wind angenommen, der, wie auch die hier breitere Passage, die Windumlenkung durch die Insel begradigt.

Rechts kommt der ungestörte Wind (E) aus SE und muß die Insel umströmen, wobei das südweisende Ende der Passage (F) bevorzugt ist. Dort setzt die Seebrise zuerst ein und wird zu stärkerem Wind kanalisiert.

Die Brise im Südkanal muß nach Land ausweichen, wohl unterstützt von etwas über die Insel streichendem Wind (G). Wo Kanalwind und der um die NE-Huk der Insel kommende Wind sich treffen (W), ist mit umlaufenden Winden und Flautenlöchern zu rechnen. Wo die Küste frei ist (J), strömt die Brise ungestört ins Hinterland.

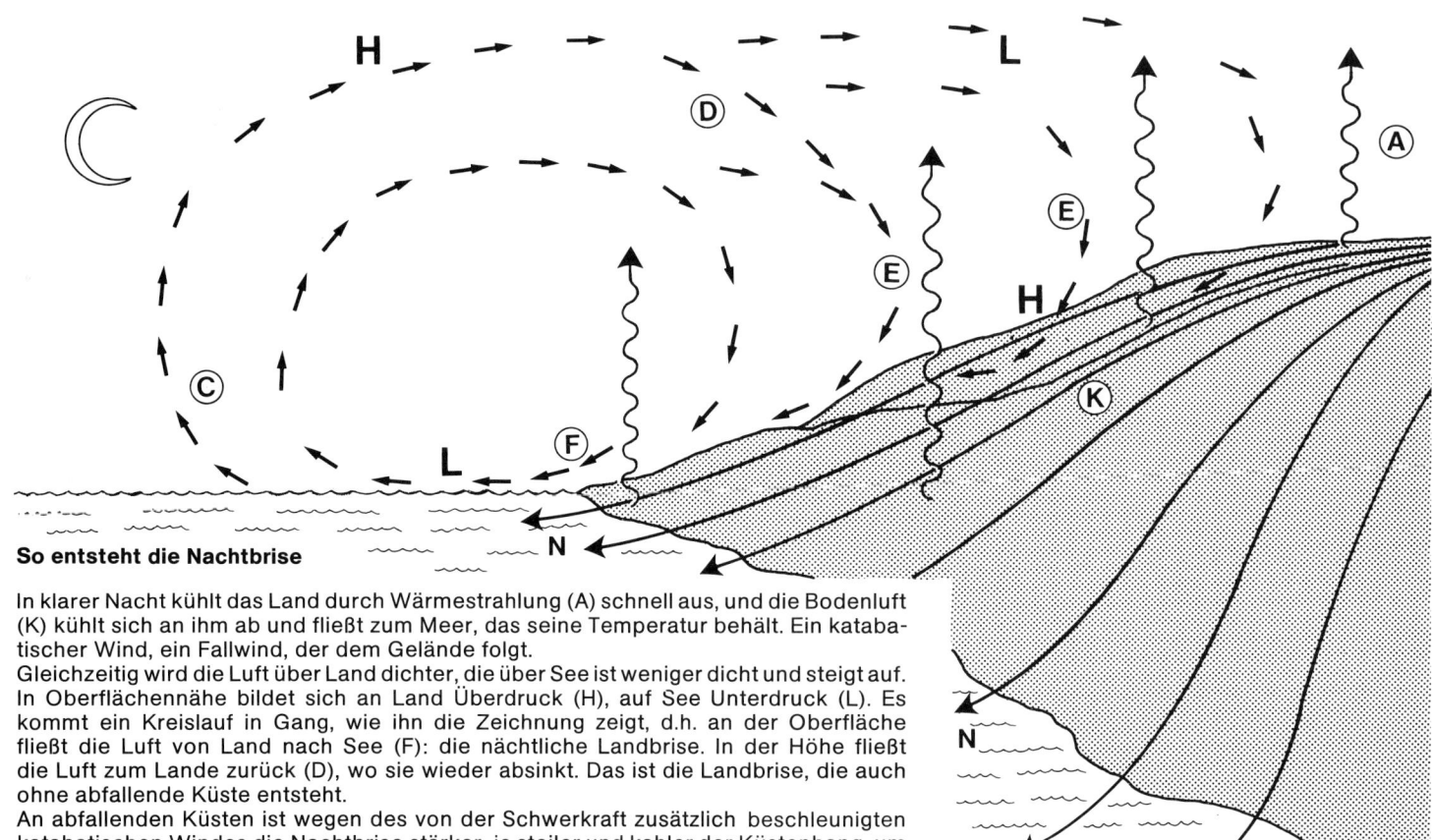

So entsteht die Nachtbrise

In klarer Nacht kühlt das Land durch Wärmestrahlung (A) schnell aus, und die Bodenluft (K) kühlt sich an ihm ab und fließt zum Meer, das seine Temperatur behält. Ein katabatischer Wind, ein Fallwind, der dem Gelände folgt.

Gleichzeitig wird die Luft über Land dichter, die über See ist weniger dicht und steigt auf. In Oberflächennähe bildet sich an Land Überdruck (H), auf See Unterdruck (L). Es kommt ein Kreislauf in Gang, wie ihn die Zeichnung zeigt, d.h. an der Oberfläche fließt die Luft von Land nach See (F): die nächtliche Landbrise. In der Höhe fließt die Luft zum Lande zurück (D), wo sie wieder absinkt. Das ist die Landbrise, die auch ohne abfallende Küste entsteht.

An abfallenden Küsten ist wegen des von der Schwerkraft zusätzlich beschleunigten katabatischen Windes die Nachtbrise stärker; je steiler und kahler der Küstenhang, um so stärker der katabatische Einfluß, um so stärker die Brise. Die Nachtbrise ist jedoch nicht so stark wie die Seebrise, weil die Temperaturunterschiede nachts geringer sind.

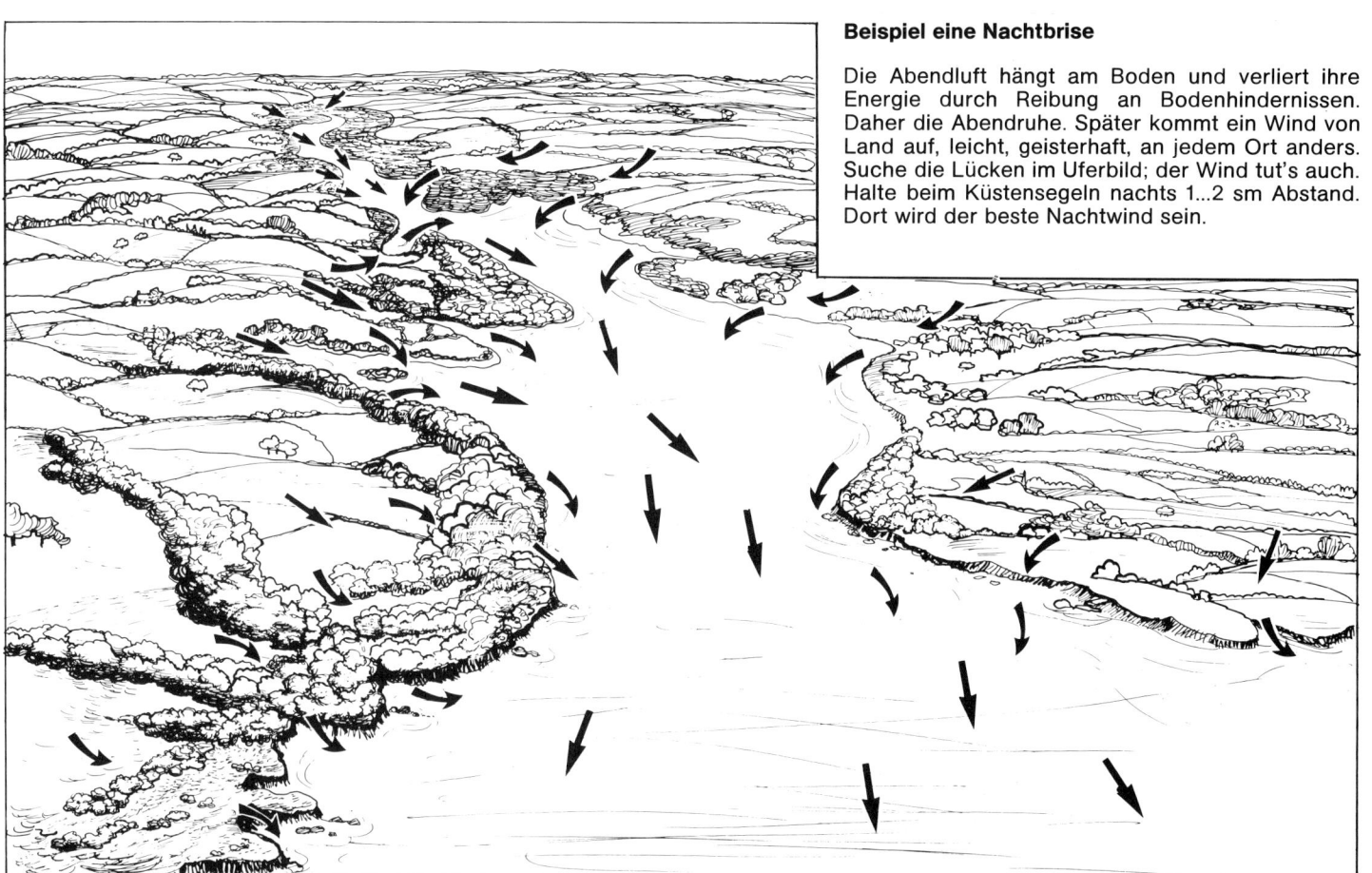

Beispiel eine Nachtbrise

Die Abendluft hängt am Boden und verliert ihre Energie durch Reibung an Bodenhindernissen. Daher die Abendruhe. Später kommt ein Wind von Land auf, leicht, geisterhaft, an jedem Ort anders. Suche die Lücken im Uferbild; der Wind tut's auch. Halte beim Küstensegeln nachts 1...2 sm Abstand. Dort wird der beste Nachtwind sein.

47

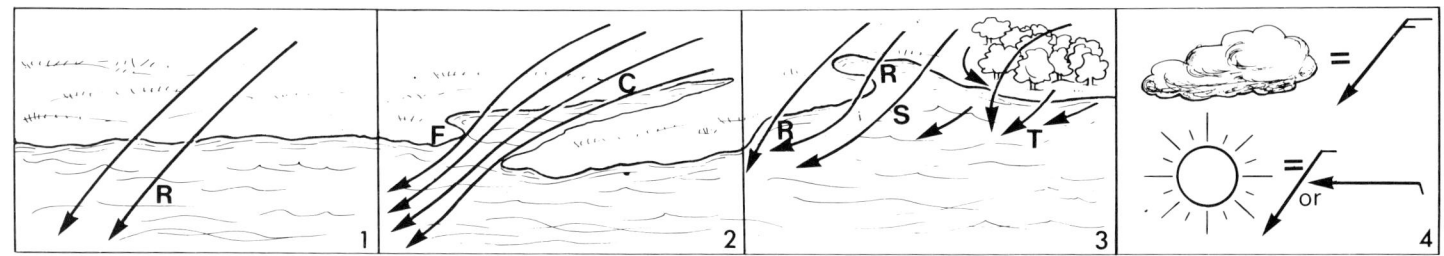

Wind längs der Küste

Hier zeigen wir Winddrehungen, die dicht unter der Küste vorkommen können. Der vielen Möglichkeiten wegen können hier nur Prinzipien gezeigt werden.

1 Landwind ist langsam, wird über See schneller. Das bricht etwas seine Richtung.

2 Wasserstraßen etwa parallel zum Wind sammeln den Wind (C) – weniger Bodenreibung – und jagen ihn mit Düseneffekt (F) zur Mündung heraus.

3 Landvorsprünge lenken den Wind um (S), der Wind umfließt die Nase. Küstenbuckel und -wälder erzeugen Windschatten (S. 52) und Turbulenz (T).

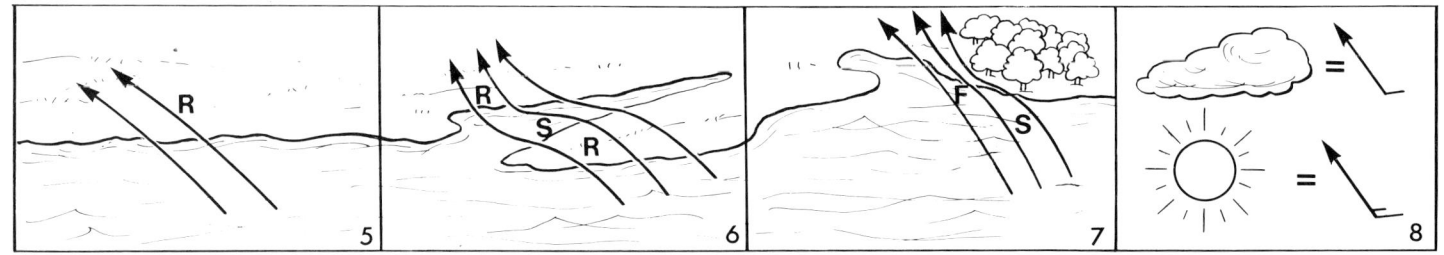

4 Liegen Wolken über Land, stört keine Thermik den Landwind. Scheint die Sonne aufs Land, dreht der Wind paralleler zur Küste. Mit Seebrise muß gerechnet werden.

5 Die Richtungsbrechung (R) auflandigen Windes an der Küste braucht sich im Küstengewässer gar nicht zu zeigen.

6 Windablenkung (R) kann hinter einer Landzunge noch bestehen, Umströmung der Huk der Zunge (S) ist wahrscheinlich. Mit einer Kanalisation und Düsenwirkung durch den Fjord muß unter Umständen gerechnet werden.

7 Hindernisse an der Küste machen sich bis zum Zehnfachen ihrer Höhe nach See hinaus als Windstörung und Umlenkung (S) bemerkbar. Mit Düsenwindgeschwindigkeit (F) rund um die Huk muß man rechnen.

8 Wenn es sonnig ist, beschleunigt sich auflandiger Wind in Küstennähe, meistens mit Drehung zur Küste. Dieser thermische Effekt wirkt sich zusätzlich aus.

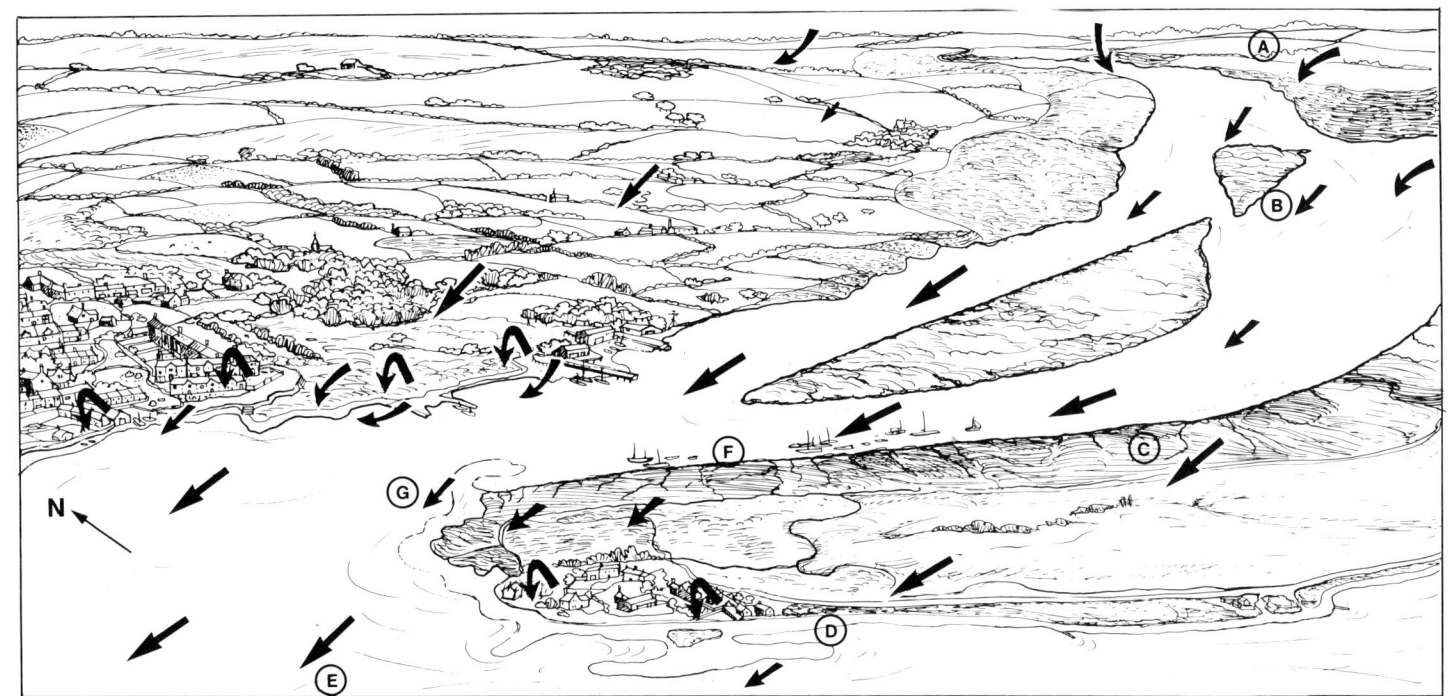

Bodenwind

Flache Ufer, Inseln und Bänke von Flüssen und Krieken neigen dazu, den bodennahen Wind an sich entlangzuführen. Schlick- und Sandbänke mögen flach und glatt sein, aber sie haben dennoch Einfluß auf den Wind; besonders am Morgen und Abend, während der Nacht, und wenn der Himmel tiefhängend bedeckt und der Wind nicht stärker als mäßig ist.

Der Wind bei (A) ist östlich, wird den Fluß entlangfließen, sich an Inseln wie (B) teilen und landwärts drehen, wenn er (C) an Land steigen muß. Die Trägheit der Luftmasse hält die Richtung Ost bei, wenn sie (D) wieder aufs Wasser kommt (E).

Die über den Wasserlauf kommende Luft muß über die Landzunge zwischen (F) und (G) hinweg und wird durch den Häuserkomplex zwischen (D) und (G) turbulent. Ähnliche Wirbel entstehen an der Bootswerft und der Stadt am Nordufer des Flusses.

Fallwinde vom Mistral- und Boratyp

1 Hochland, besonders schneebedeckte Gebirge schicken Wind bis zu Sturmstärke über Küstengewässer, katabatischen Wind, der gewöhnlich durch Gradientwind (G) gleicher Richtung verstärkt wird. Solcher Wind herrscht häufig im Golfe du Lion (Mistral) und an der nördlichen Adria (Bora).

2 Südküsten werden tags von der Sonne bestrahlt, und es entwickelt sich eine Seebrisenkraft. Dieser steht die Kraft (K) fallender Luft entgegen, was eine beträchtliche Spannung bei (S) erzeugt, so daß ab Mittag zur Zeit üblicher Windmaxima hier ein Windminimum herrscht.

3 An solchen Orten hat die Windgeschwindigkeitskurve zwei Maxima: eins morgens, eins abends. Um Mitternacht ist das tiefste Minimum. Die Stärkenangaben sind in Knoten. Die Stärke ist an Küstengebirgen von 500...1000 m 5 km landein am größten. Der Wind ist in Küstennähe am stärksten und läßt zur See hin nach.

(Übersetzer: Der Mistral ist ein durch das Rhônetal kanalisierter Wind, der sich bis Sardinien durchsetzt und noch vor Algier hohen Seegang erzeugen kann. Stärke: Camargue bis 8, Sardinien bis 6.)

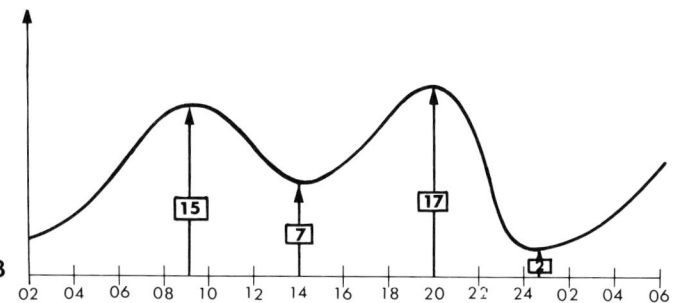

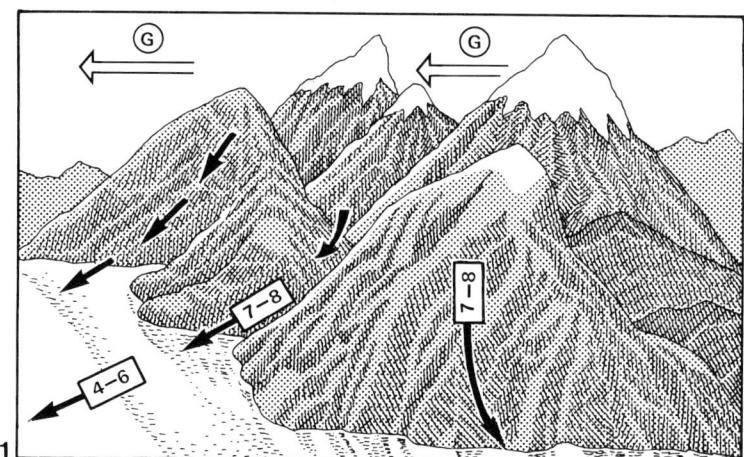

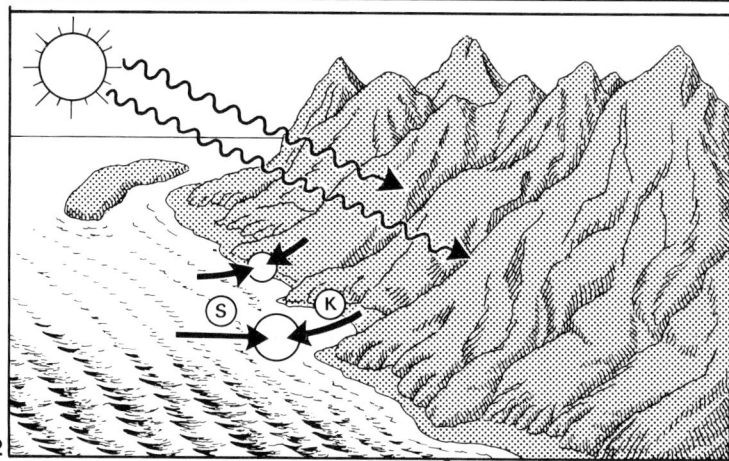

50

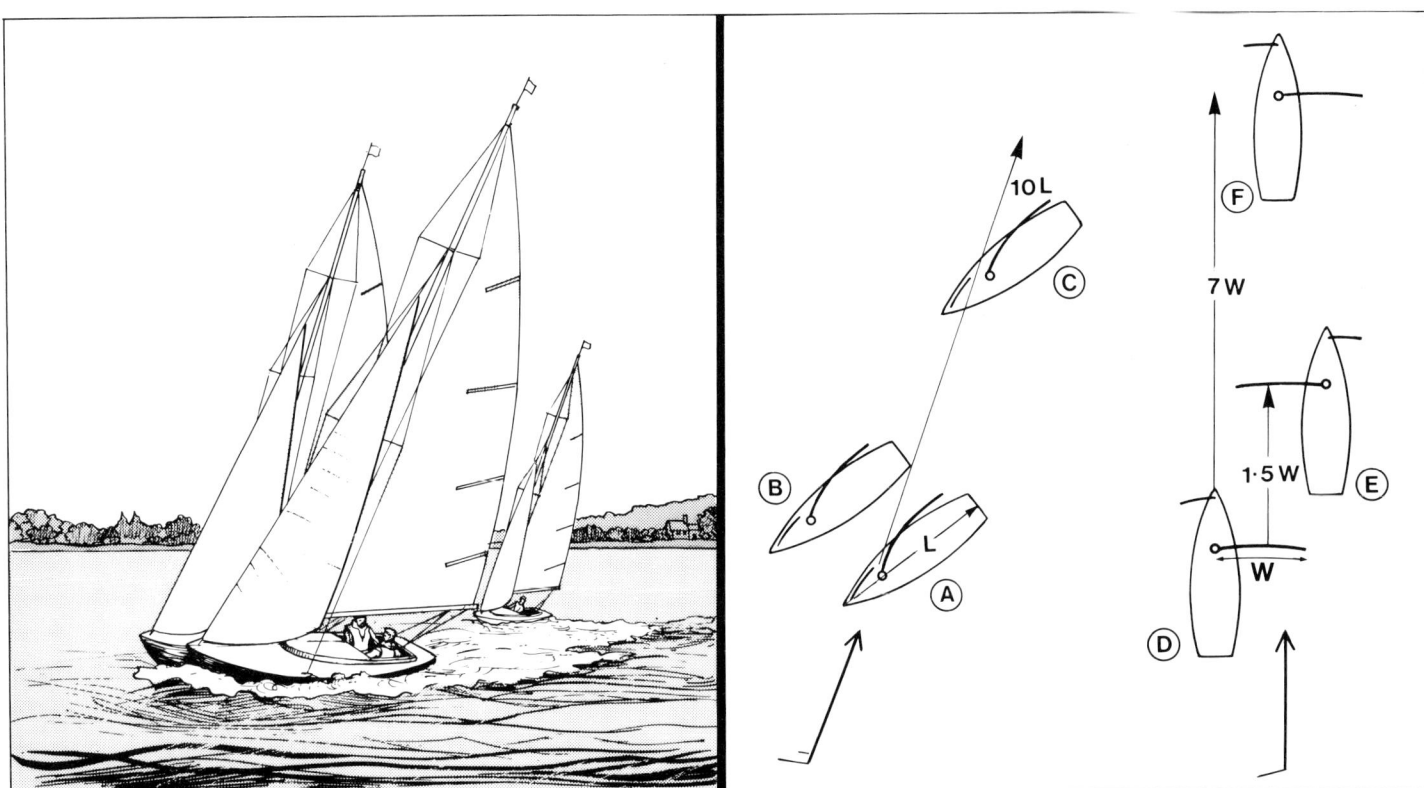

Abdecken der Konkurrenten

Der Kegel gestörten Abwindes liegt leewärts achteraus.
Yacht (B) ist in sicherer Leeposition und profitiert sogar etwas von der Nähe der Segel von (A). Yacht (C) liegt „unmöglich" im etwa 10 Bootlängen weit gestörten Wind in Richtung des wahren Windes hinter (A).

Abdeckung ist wirksamer, wenn die überholende (D) ~ 1,5 Segelbreiten hinter (E) liegt. (F) wäre – (E) weggedacht – mit sieben Segelbreiten gerade noch klar von der Abdeckung durch (D).

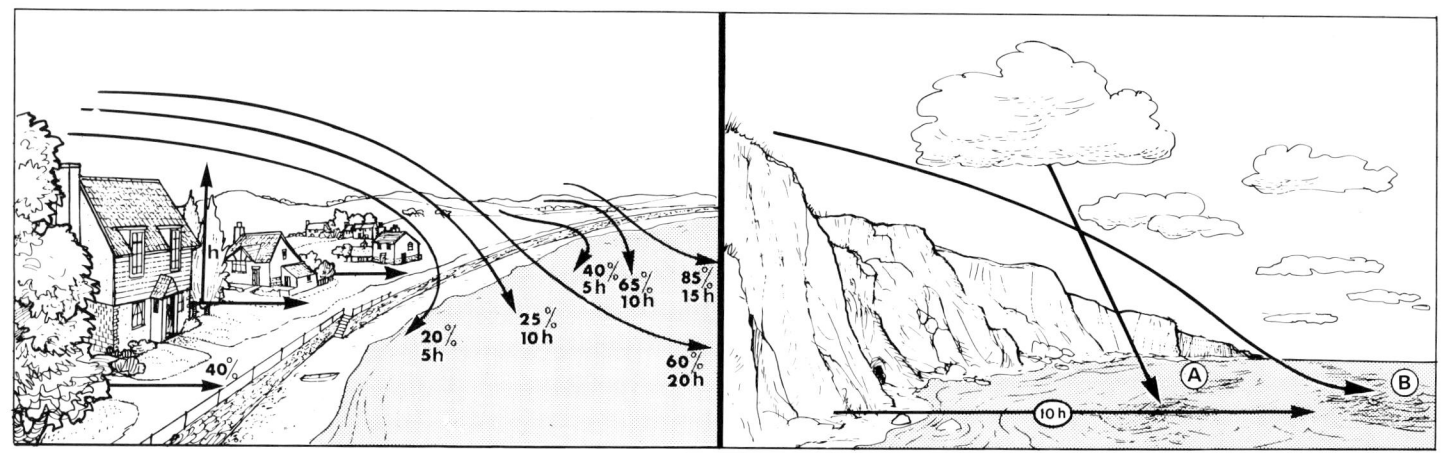

Windschatten

Windhindernisse, wie Baumgruppen und Alleen, lenken den Wind nicht nur über sich hinweg, sondern filtern auch einiges davon durch sich hindurch. Ein Hindernis mittlerer Dichte (20...60 % licht) ergibt aus der Summe von Umlenk- und Durchlaßwind dicht hinterm Hindernis 40 % ursprünglicher Windstärke; in 5 h Abstand aber nur noch 20 % (h = Hindernishöhe). Dann nimmt die Stärke stetig wieder zu, hat im Abstand 20 h allerdings erst 60 % der ungestörten Stärke erreicht. Offene Hindernisse wirken ähnlich, bremsen nur nicht so sehr.

Dünen und Deiche als undurchlässige Barrieren machen erstaunlich lange Windschatten. Der Wind ist null unmittelbar in Lee, 40 % in 5 h und 65 % in 10 h. Wenn der Deich aber bei Niedrigwasser 6 m höher als der Mast ist, sind 15 h leicht 100 m und damit breiter als mancher Kriek. Lagerhäuser und Bootsschuppen haben natürlich denselben Effekt – voller Wind erst wieder ab > 15 h Abstand.

Klippen und Kaps oder Huken

Klippenküsten sind recht solide Windbarrieren. Wenn aber Cumuli über ihr stehen, kommen in 9...10 h Abstand Böen herunter. Diese Böengrenze (B) ist oft am rauheren, dunkler scheinenden Wasser zu erkennen. Sind die Cumuli überm Küstenwasser dick, dann können Einzelböen auch landwärts von der Böengrenze einfallen – diese Zone (A) hat leichteren und turbulenteren Wind als das seewärtige Gebiet von (B).

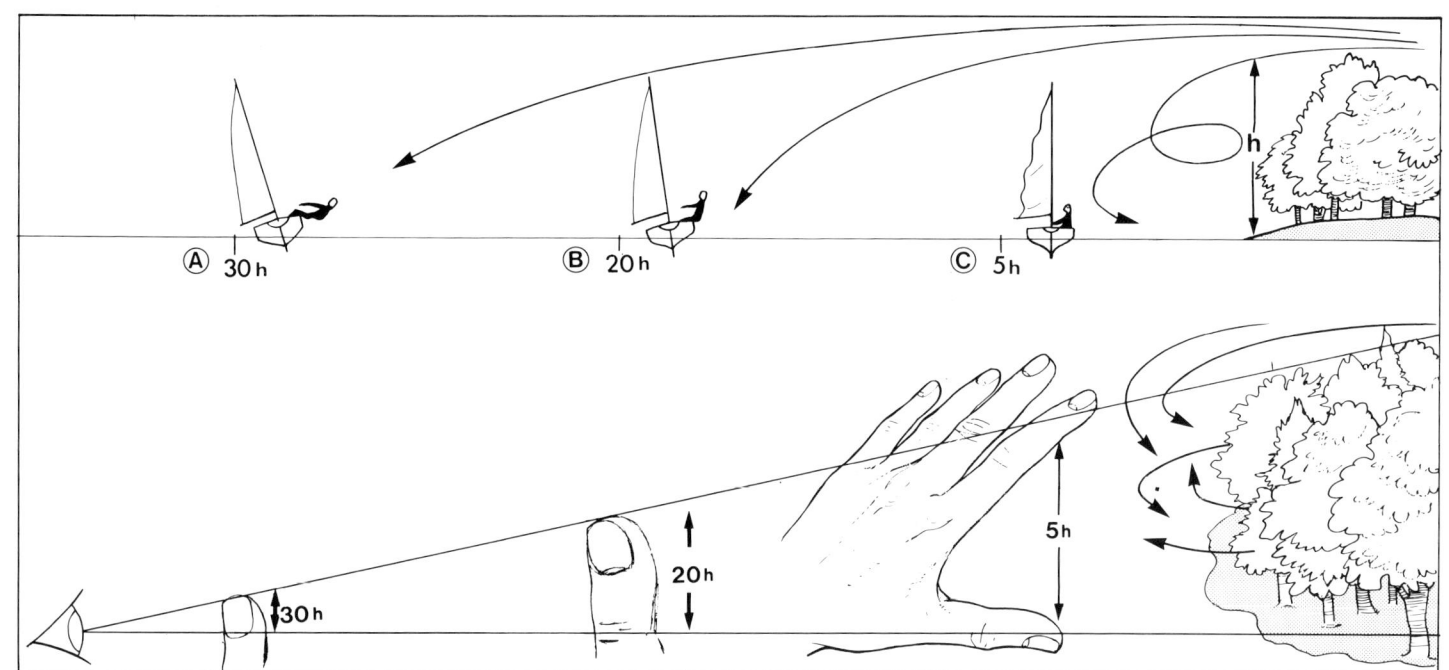

Meiden des Windschattens

Wenn das Windhindernis am Ufer aus Bäumen und nicht zu dicht stehenden Häusern besteht – das ist meist der Fall –, ist die zu meidende Zone gleich fünf Hindernishöhen (5 h) lang.

Den zu 5 h gehörigen Winkel mißt man zwischen Daumen und Zeigefinger bei ausgestrecktem Arm, wie es die Zeichnung zeigt. Dicht unterm Ufer ist bei locker stehenden hohen Bäumen oft mehr Wind als in 5 h.

Bei 20 h herrscht gewöhnlich die Hälfte der ungestörten Windgeschwindigkeit – der Winkel entspricht dem äußersten Daumenglied am ausgestreckten Arm.

In 30 h Distanz ist man aus dem Windschatten heraus. Der entsprechende Höhenwinkel wird über den Daumennagel gepeilt. Bei böigem Wetter ist dichter unter Land zwar mehr Wind, aber er hat „Löcher" von beinahe „Flautenstärke".

Windsystem auf Binnenseen

1 Binnenseen sind oft lang und schmal, und bei passendem Gradientwind bläst es den See hinauf oder hinunter. Bei ruhiger Großwetterlage entwickelt sich der Wind wie folgt: Westhänge bekommen Morgensonne, und die Thermik verursacht den (anabatischen) Aufwind *A*, der den Hang hochsteigt. Eine Ausgleichströmung *B* kommt den schattigen Osthang hinunter. Es fächelt zum Sonnenufer hin, über dem Cumuli stehen.

2 Abends mag ein Zephyr nach demselben Prinzip zum besonnten Ostufer fächeln. Später kommen katabatische Winde kühl von beiden Hängen herunter und führen zu einer Flaute, über der sich manchmal nachts ein Wolkenrükken bildet.

(Die dünnen Pfeile sind nicht Wind, sondern Sonnenstrahlen.)

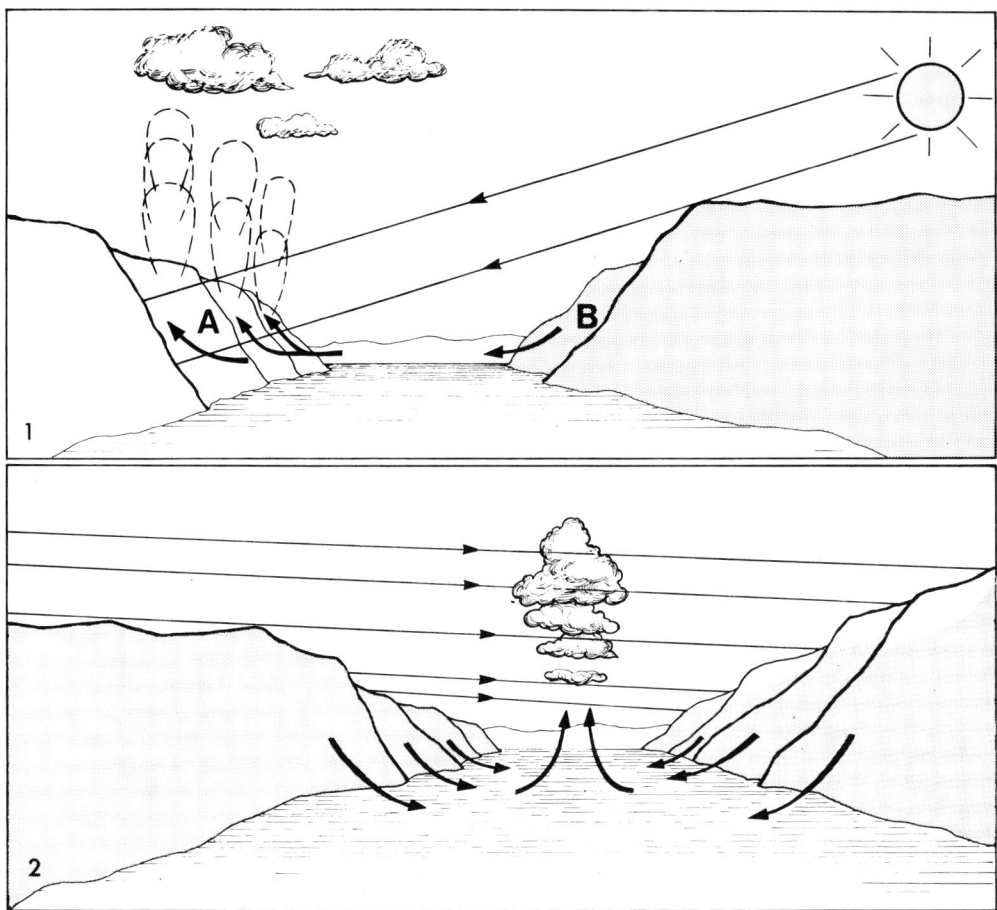

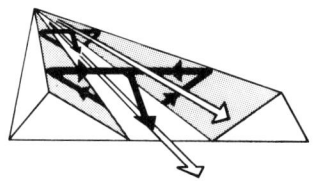
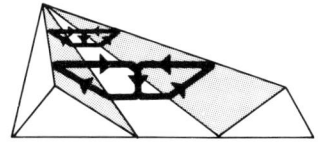
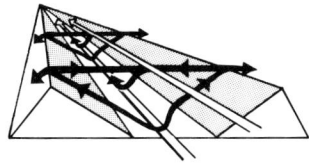
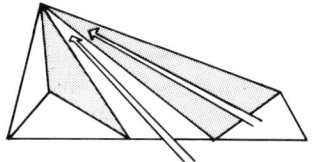

Berg- und Talwinde*

Sonnenaufgang. Kalte Bergluft fließt talwärts (Bergwind).** Aufwind an den Hängen.

Morgenfrühe. Bergwind läßt nach, anabatischer Aufwind an Hängen nimmt zu.

Frühnachmittag. Erwärmte Talluft fließt zu Berg: der Talwind.

Spätnachmittag. Hangaufwind hört auf. Tal(auf)wind fließt weiter.

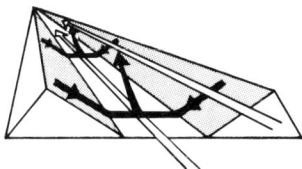
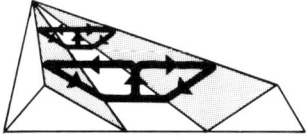
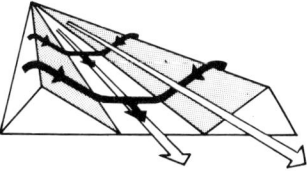
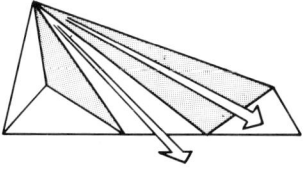

Abend. Hangabwinde (katabatisch) setzen ein und verstärken den Talwind.

Frühe Nacht. Talwind erstirbt. Die Hangfallwinde werden stärker.

Mitternacht. Kühler Bergwind setzt ein, verstärkt durch Hangfallwinde.

Morgendämmerung. Hangfallwinde hören auf. Bergwind fließt weiter.

---

*   Nach „Wind and Sailing Boats" von D. Defant, Verlag David & Charles.
** Wind hier benannt, von wo er kommt, wie seemännisch üblich. Im Gebirge aber oft nach Flußrichtung benannt, wie Berg(auf)winde oder Tal(ab)winde.

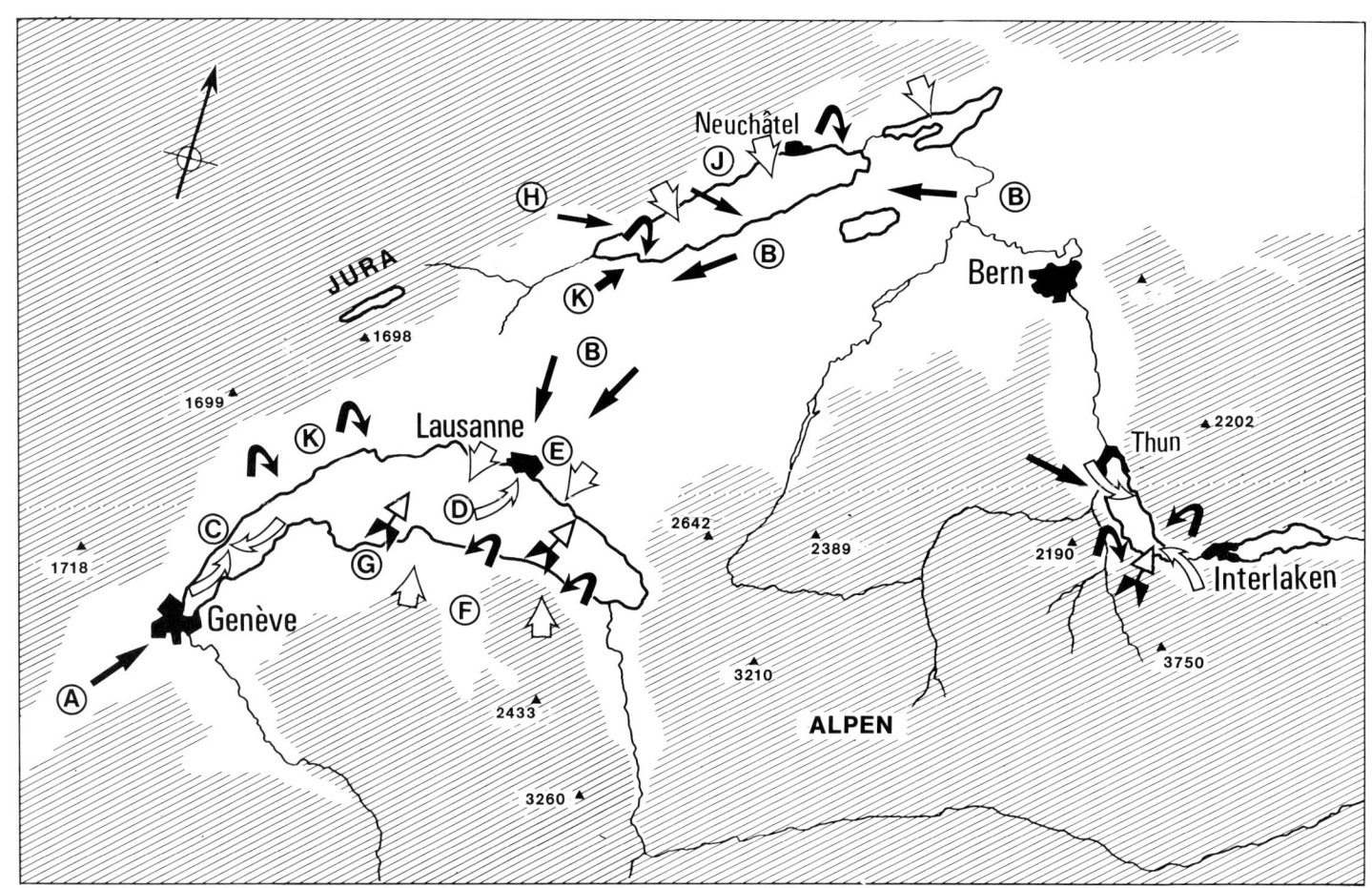

JURA

Neuchâtel

Ⓗ

Ⓙ

Ⓚ

Ⓑ

Ⓑ

Bern

Ⓑ

▲1698

▲1699

Ⓚ

Lausanne

Ⓔ

Thun

▲2202

Ⓒ

Ⓓ

▲2642

Ⓖ

▲2389

▲2190

Interlaken

▲1718

Genève

Ⓕ

▲3210

▲3750

Ⓐ

▲2433

ALPEN

▲3260

56

Beispiel eines Binnensee-Windsystems

Die Seen von Genf und Neuchâtel geben gute Beispiele für auf Binnenseen anzutreffende Windarten. Die Seen liegen im Mittelland zwischen Jura im Westen sowie Haute Savoie und Berner Alpen im Osten. Das Mittelland kanalisiert die örtlichen Gradientwinde zu SW- oder NE-Winden, gelegentlich auch N. Der SW bei (A) stammt aus dem südlichen Gradient eines ankommenden Tiefs und ist der Schlechtwetterwind. Die Rückseite des Tiefs bringt die Brise (B), einen durch die Gebirge aus Nordost umgelenkten nördlichen Gradientwind von oftmals Sturmstärke.

Der Sèchard bläst über den Petit Lac (C) als Bergwind (S. 55) ins Tal des Rhône und den Westteil des Haut Lac (D) als Nordoster. In ruhigem Wetter steht dieser Wind den Nachmittag und Abend durch. Er wird durch den vor Tiefs häufigen Sonnenschein erzeugt und überlagert sich mit dem Gradientwind zu einem leichten SW, dem Vent blanc (der Cirren und Cirrostratus wegen). Am Haut Lac bildet sich am Nordufer, vor allem beim flachen Land um Lausanne, ein Wechsel von schwacher See- und Landbrise. Das Mittelland ist ein breites, leicht von Lausanne bis Bern abfallendes Tal, durch das in der Frühe ein leichter Bergwind in Bodennähe und so hundert Meter über eine Flautenzone hinweg aus SW weht. Sobald die Sonne auf die Hänge bei Lausanne trifft, bringt sie Auf-ab-Strömungen in Gang, die den Wind auf den Boden herunterbringen und bald nach Tagesanbruch eine sehr leichte auflandige Brise am Lausanner Ufer erzeugen.

Diese frühe Auflandtendenz wird durch den späteren Seebriseneffekt verstärkt, aber der Talwind entwickelt sich als ein NE gegen die Brise, und beides hebt sich zu totaler Flaute auf. Die Seebrise heißt an jenem Ufer (D) Rébat (Gegenschlag). Der Nachtwind ist seltsam. Hört die Seebrisenwirkung auf, setzt sich der Talwind ablandig bei Lausanne durch und wird Morget (E) - nach Morges - genannt. Von den Voralpen am anderen Ufer fällt ein katabatischer Wind, die Chamoisine (F). Diese Nachtwinde erreichen bis Stärke 3, doch ihre entgegengesetzten Richtungen führen zu Unstetigkeit und Flauten in der Seemitte.

Der Föhn (G) kommt plötzlich über die Alpen und kann mit Stärke 6 blasen. Fallstürme (Gewitter) kommen aus dem Jura und den Savoyer Alpen als starke und plötzliche Stürme.

Das Windsystem am Genfer See ist nicht etwa einmalig; ähnliche Auswirkungen lassen sich überall auf Seen beobachten.

Der Lac de Neuchâtel liegt parallel zum Jura. Die Bise kann auf ihm Stärke 8 erreichen. Die Westwinde eines Tiefs (H) kommen über den Jura und können bis Stärke 10 erreichen. Kommt der Gradientwind aus dem südlichen Quadranten, dann richtet der Jura ihn parallel zu sich zu einem SW-Wind.

Der vom Jura herabwehende abendliche Katabatikwind heißt Joran (J) und ist unstet. Sind die Juragipfel schneebedeckt, kann er sich zu mistralähnlichen Böen auswachsen.

Einige Winde zeigen nach dem Lehrbuch „regelwidriges" Verhalten. Bildet sich ein Gradient für südliche Winde, sollten diese eigentlich nachmittags am stärksten geworden sein. Der Uberre (K) stellt sich aber erst abends ein, weil der nördliche Talwind nachmittags am stärksten ist; erst wenn der abends nachläßt, kommt der Gradientwind voran.

Neuchâtel liegt direkt am Berghang, und Fallstürme sind hier plötzlich und kräftig. Der Föhn gelangt nicht bis hin, aber Leefallwinde vom Jura machen das wett.

Föhn überfällt auch den Thuner See, der eingeengt in den Alpen liegt. Berg- und Talwinde verhalten sich hier „klassisch" und nach den Regeln zuverlässig (S. 55). Vormittags weht ein sanfter Bergwind Richtung Bern und nachmittags ein stärkerer Talwind von 2...3 Bft in Richtung Berner Alpen.

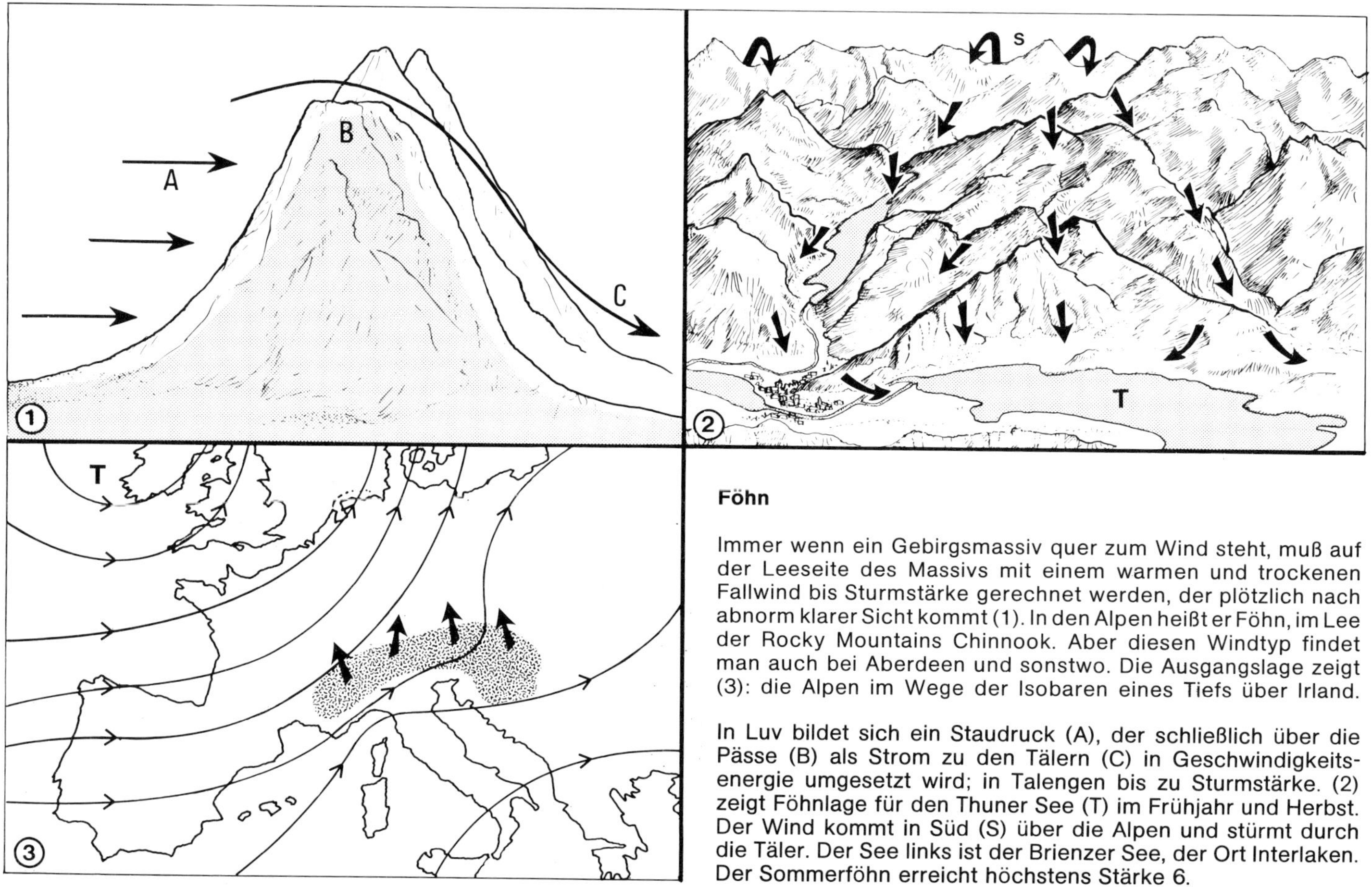

Föhn

Immer wenn ein Gebirgsmassiv quer zum Wind steht, muß auf der Leeseite des Massivs mit einem warmen und trockenen Fallwind bis Sturmstärke gerechnet werden, der plötzlich nach abnorm klarer Sicht kommt (1). In den Alpen heißt er Föhn, im Lee der Rocky Mountains Chinnook. Aber diesen Windtyp findet man auch bei Aberdeen und sonstwo. Die Ausgangslage zeigt (3): die Alpen im Wege der Isobaren eines Tiefs über Irland.

In Luv bildet sich ein Staudruck (A), der schließlich über die Pässe (B) als Strom zu den Tälern (C) in Geschwindigkeitsenergie umgesetzt wird; in Talengen bis zu Sturmstärke. (2) zeigt Föhnlage für den Thuner See (T) im Frühjahr und Herbst. Der Wind kommt in Süd (S) über die Alpen und stürmt durch die Täler. Der See links ist der Brienzer See, der Ort Interlaken. Der Sommerföhn erreicht höchstens Stärke 6.

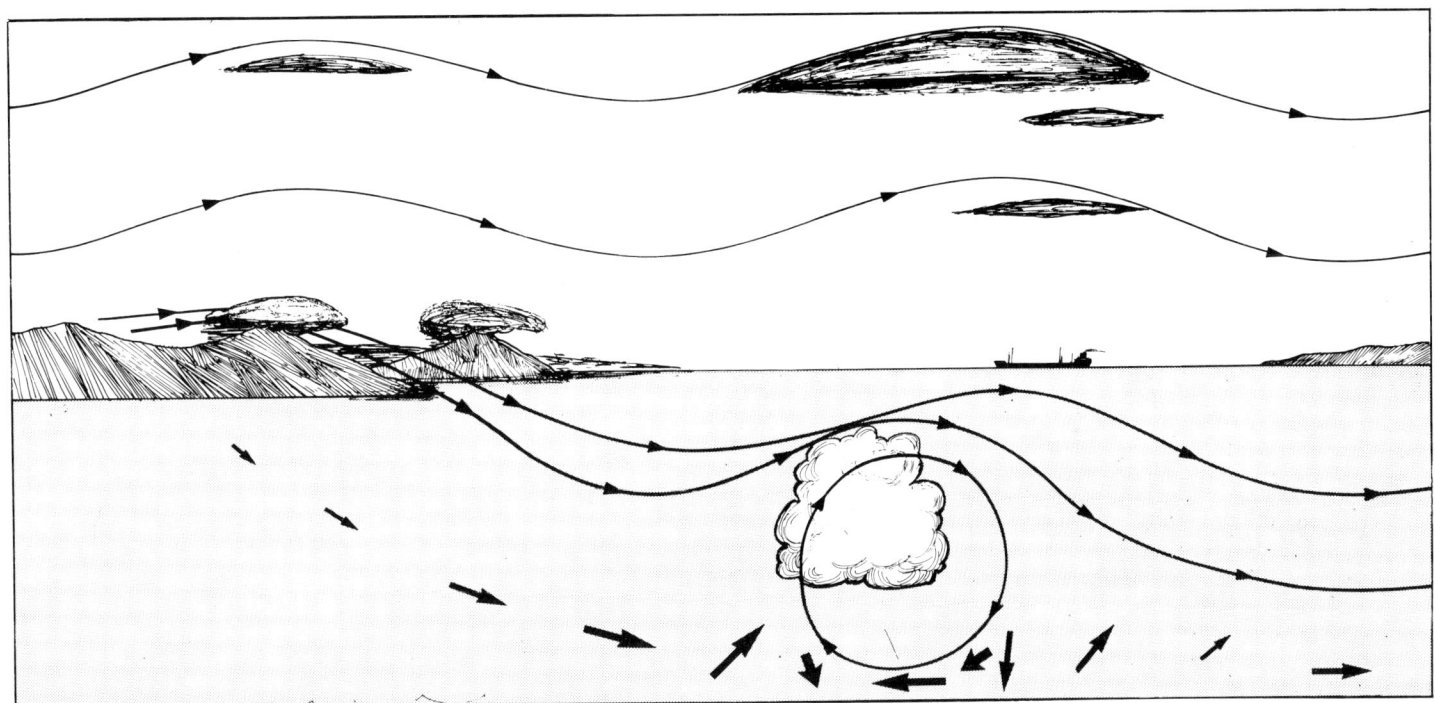

Wind in Lee von Hügeln

Je nach Stabilität der Luftschichtung und Stärke des Windes kann eine Bergkette den Wind bis zu 30 km weit nach Lee beeinflussen. Eine sanfte Hügelkette quer zum Wind kann zu einer Wellenschwingung im Luftstrom führen, erkennbar an einer stehenden Wolke von Linsenform in Lee hinter dem Kamm – manchmal mehrere in Abständen windab. Bergkuppen tragen dann Wolkenmützen. Der Oberflächenwind ist dabei sehr gestört, und die Störungen wandern regellos. Der einzig brauchbare Rat ist, näher an die Hügelkette heran oder weiter von ihr weg zu segeln. Übrigens: Ist man unter einer dieser Linsenwolken, so sieht sie dunkel und fetzig aus, nicht hell und glatt wie von ferne. (Segelflieger vom Riesengebirge nannten diese Wolken „Moatzegotl"; d. Übers.)

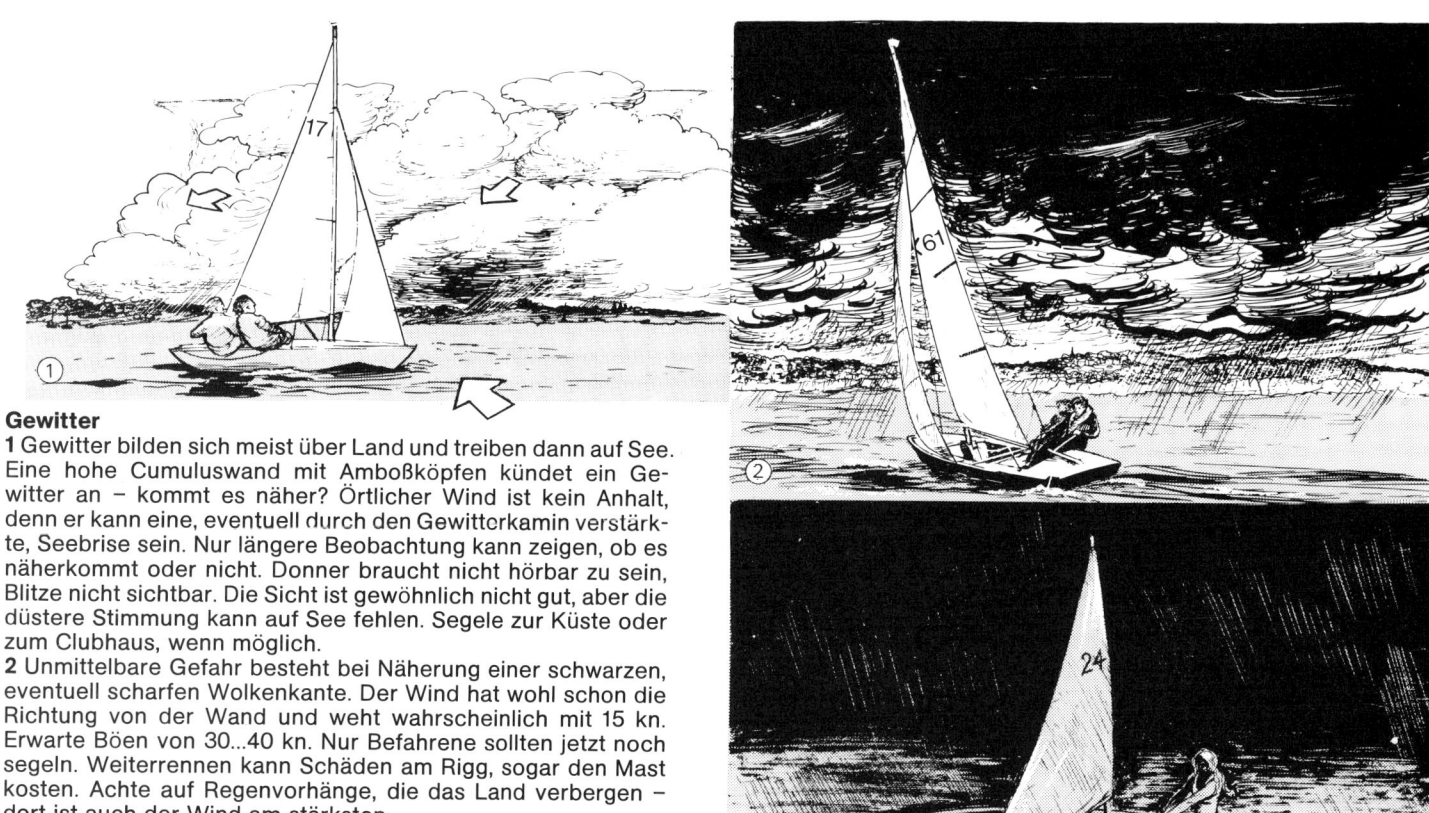

Gewitter

1 Gewitter bilden sich meist über Land und treiben dann auf See. Eine hohe Cumuluswand mit Amboßköpfen kündet ein Gewitter an – kommt es näher? Örtlicher Wind ist kein Anhalt, denn er kann eine, eventuell durch den Gewitterkamin verstärkte, Seebrise sein. Nur längere Beobachtung kann zeigen, ob es näherkommt oder nicht. Donner braucht nicht hörbar zu sein, Blitze nicht sichtbar. Die Sicht ist gewöhnlich nicht gut, aber die düstere Stimmung kann auf See fehlen. Segele zur Küste oder zum Clubhaus, wenn möglich.

2 Unmittelbare Gefahr besteht bei Näherung einer schwarzen, eventuell scharfen Wolkenkante. Der Wind hat wohl schon die Richtung von der Wand und weht wahrscheinlich mit 15 kn. Erwarte Böen von 30...40 kn. Nur Befahrene sollten jetzt noch segeln. Weiterrennen kann Schäden am Rigg, sogar den Mast kosten. Achte auf Regenvorhänge, die das Land verbergen – dort ist auch der Wind am stärksten.

3 Wenn möglich, ziehe die Jolle auf Strand, ehe der Sturm da ist. Anfänger müssen Segel bergen, wenn die dicksten Wolken über einem ankommen. Wasser- und winddichtes Zeug anziehen.

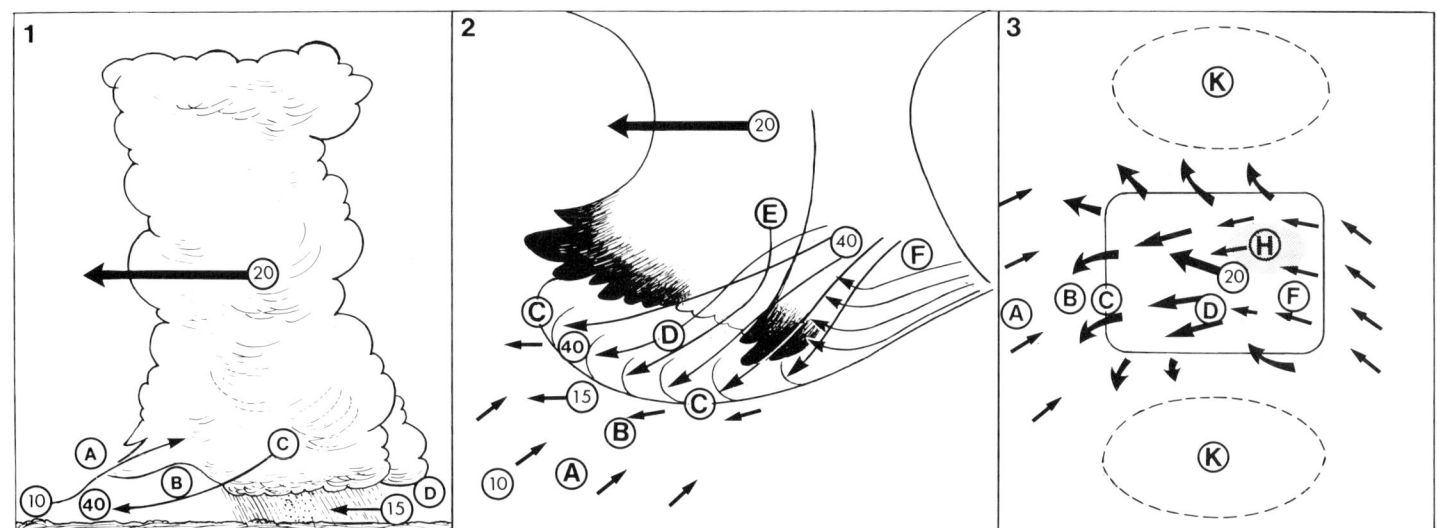

Gewitter 2

1 Gewitter ziehen oft gegen einen selbsterzeugten Wind (A) von typischen 10 kn, denn ihr Thermikturm saugt von überall Luft an. Treibt ein Gradientwind die Gewitterfront voran, hebt dieser (A) auf: die Stille vor dem Sturm. Die Front reißt Wind (A) an ihrer Vorderseite hoch; es bildet sich eine dunkle Wolkenwalze oder hochgewölbte Lippe, der Böenkragen, unter dem die von mit Regen und Hagel niederschießenden Fallböen durchsetzte und angefachte Kaltluftzunge (B) vorstößt. Der Sturm zieht mit meist 20 kn und ist bis 25 km tief. An seiner Rückseite (D) fällt leichter Regen bei typischen 15 kn Wind.

2 Der Vorderseitenwind eines Gewitters ist vielfältig. Wind (A) fließt schräg auf die Front zu, wird unterm Böenkragen scharf in Frontzugrichtung gedreht (B). Dabei springt die Windgeschwin-digkeit von (A) = 15 kn auf Böenstöße (C) von 30...45 kn. An der Wolkenunterseite ist im vorderen Bereich der Front beträchtliche Turbulenz zu erkennen, die auch in dem ganzen Gewitterturm herrscht, hervorgerufen durch aufsteigende Luftströme und abstürzende Kaltluft. Entsprechend turbulent ist auch die Kaltluftzunge, der „Einbruch".

3 Grundriß der Bodenwinde unter und in Umgebung einer Gewitterfront. Die Buchstaben beziehen sich auf die Turbulenzdarstellung in 2. (H) bezeichnet das übliche Schauergebiet mit Prasselregen und Hagel. (K) bezeichnet Zonen, in denen sich Randgewitter bei sehr schwülem Wetter neu bilden könnten. Die Lebensdauer eines Gewitterturms übersteigt nur knapp eine halbe Stunde; dann übernimmt eine Nebenzelle, bis die feuchtwarme Luft verbraucht ist.

zahlreiche Blitze zu sehen. Es kommen heftige Regenschauer herab, und das ganze Schauspiel mit Blitz und Donner spielt sich in 1600 m (manchmal auch nur 1000 m) über Deck ab.

Vor dem Gewitter

1 In warmem Wetter können sich Gewitter an Warmfronten bilden. Dem geht meist eine besondere Wolkenform voraus: Altocumulus mit aufgesetzten Türmchen, Castellanus genannt, meist in Gesellschaft mit Schäfchenwolken (Altocumulus floccus). Der Wind ist warm, höchstens 10 kn schnell, mit seltenen kurzen Stoßböen, die Sicht ist mäßig. Vor einem Warmfrontgewitter, das zu einem Tiefdruckgebiet gehört, schläft der Wind ein.

2 Wenn die Wolken von (1) abgezogen sind, verdüstert sich der Himmel. Wind erst bockig, dann auffrischend bis selten mehr als Stärke 6. Wenn der Donner hörbar wird, sind auch

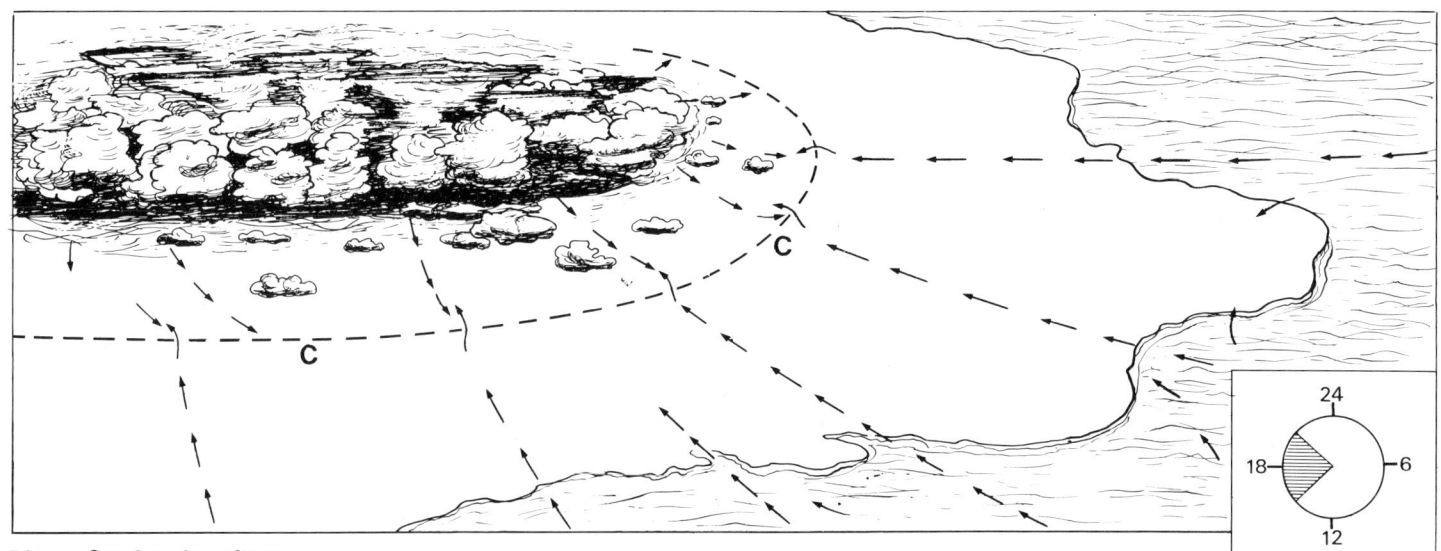

Die großen Landgewitter

An den schwülsten Sommertagen bilden sich Gewitterflächen von mehreren hundert Quadratkilometer Ausdehung über örtlichen Wärmetiefs, zu denen es im Sommer über Land immer kommen kann.

Wenn ein solches Gewittergebiet in Reichweite von Meeresküsten liegt, ist folgendes zu erwarten:

a) Seebrisen wehen am frühen Nachmittag und führen die für die Gewitterthermik nötige Luft zu. Der Sog kann die Brise zu mäßigem bis frischem Seewind anfachen, der den Küstenbereich wolkenfrei fegt, so daß man kein Gewitter erwartet. Übers Radio könnten Warnungen kommen als Wetterbericht, Verkehrsdurchsagen für Autofahrer oder Sportberichte.

b) Die abfließende Kaltluft aus den Gewitterfallwinden strömt zur Küste (C). Wo sie sich mit der Seebrise trifft und diese hochdrückt, kann sich eine Art Front bilden.

c) Die Front (C) wird sich am späten Nachmittag und Abend mit vielleicht 20 kn auf die Küste zu bewegen, so daß eine Gewitterzone 40 Meilen landeinwärts in ca. zwei Stunden die Seebrise an der Küste ausblasen könnte, nachdem das Gewitter angefangen hat.

d) Die gezeigte Zeit betrifft den üblichen Gewitteranfang und die Ankunft des Gewitters an der Küste. Der dann einsetzende ablandige Wind wird meist die Nacht durchhalten.

Wenn das Gewitter weiter als 15 km entfernt ist, wird man keinen Donner hören und keine Blitze sehen, aber die Oberränder der Wolken wird man gerade erkennen können, wenn die Sicht nicht, wie üblich an solchen Tagen, getrübt ist. So ist also der kühle Wind meist die einzige erste Warnung.

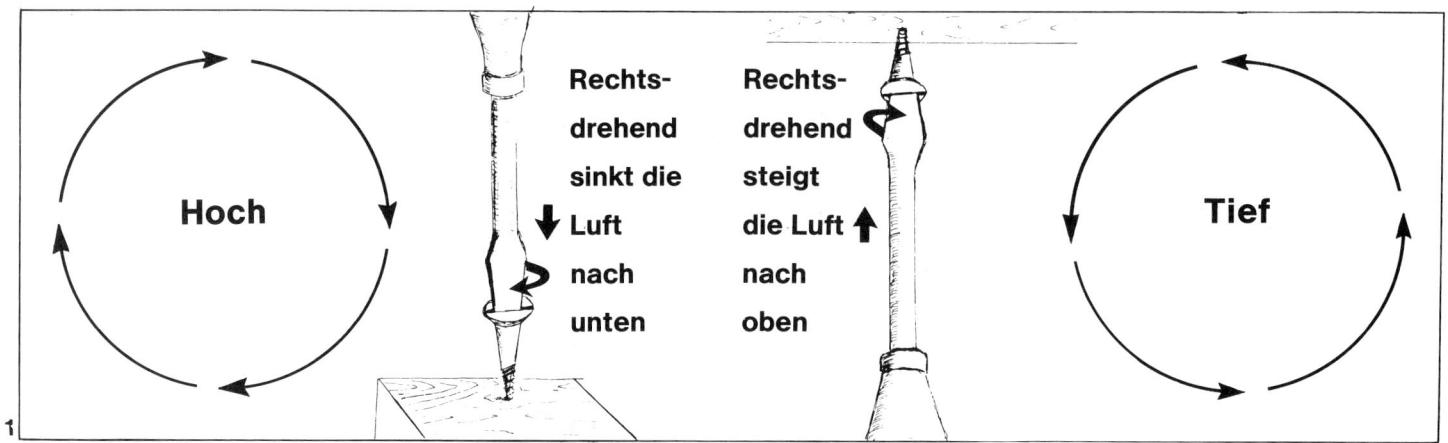

Hoch

Rechts-
drehend
sinkt die
Luft
nach
unten

Rechts-
drehend
steigt
die Luft ↑
nach
oben

Tief

Betrachtung von Wetterkarten

1 Die Art, wie der Wind die Kerne von Hochs und Tiefs umströmt, folgt in der Nordhemisphäre der Schraubenzieherlehre für rechtsgängige Schrauben (auf der Südhalbkugel für linksgängige). Schraube nach unten: Drehrichtung = Windrichtung um Hochdruckkern; im Hoch sinkt die Luft nach unten. Schraube nach oben: Drehrichtung = Windrichtung um Tiefdruckkern; im Tief steigt die Luft auf.

2 (C) zeigt die Isobaren einer Cyclone (Tief); sie umschließen den Kern des Tiefs. Hier ist das Wetter am schlechtesten; selbst Wolken, die anderswo nicht abregnen, werden hier dazu gebracht. Stärkste Schauertätigkeit.

(A) zeigt die anticyclonische Isobare, die meist (nicht immer) einen Hochdruckkern umschließt. Hier ist das Wetter nach allgemeiner Lage am besten. Die Wolken haben Auflösungstendenz, Schauer währen kurz, Regen nur leicht, und das Wetter bessert

sich, wenn es nicht schon freundlich ist. Über und nahe Land ist nachts kaum Wind.

(S) Gerade Isobaren liegen meist zwischen gut und schlecht – nicht gut, aber auch nicht schlecht.

3 Bei unregelmäßigen Isobaren suche die scharfen Kurven. Wo sie sich von einem Tiefkern weg, zu einem Hoch hin ausbuchten (T), handelt es sich um Tiefdrucktäler. Wo sie sich von einem Hochkern weg, zu einem Tief hin ausbuchten (R), sind es Hochdruckrücken. Buchten und Knicke bei (F) betreffen Fronten.

Die Tieftäler (T) haben meist mehr Wolken oder Regen, mehr Wind, allenfalls Böen von oben. Täler (Tröge) als Frontverlängerung über den Tiefkern hinaus bedeuten Rückseitensturm. Die Hochrücken bringen vorübergehende Wetterbesserung, wenn sie passieren.

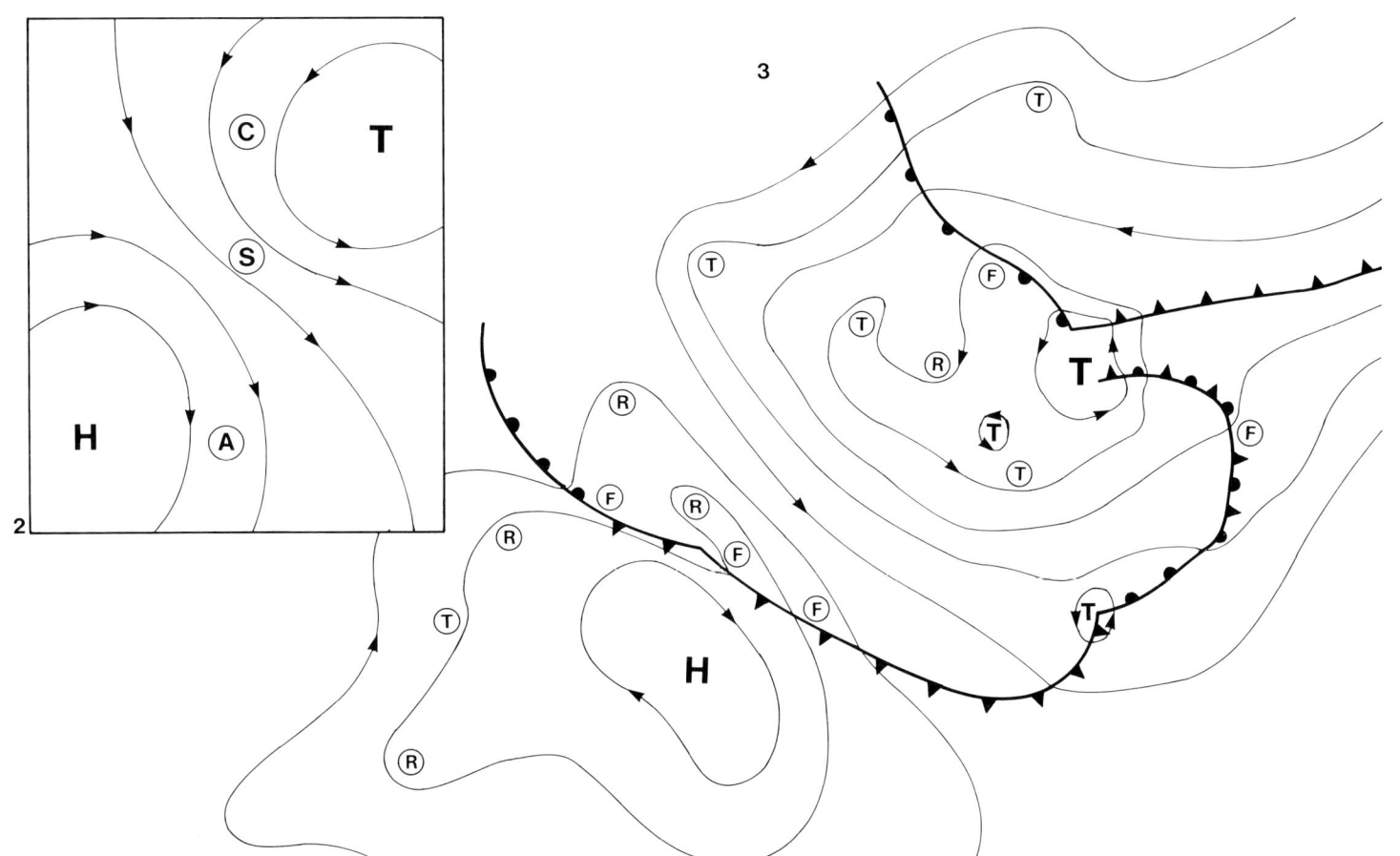

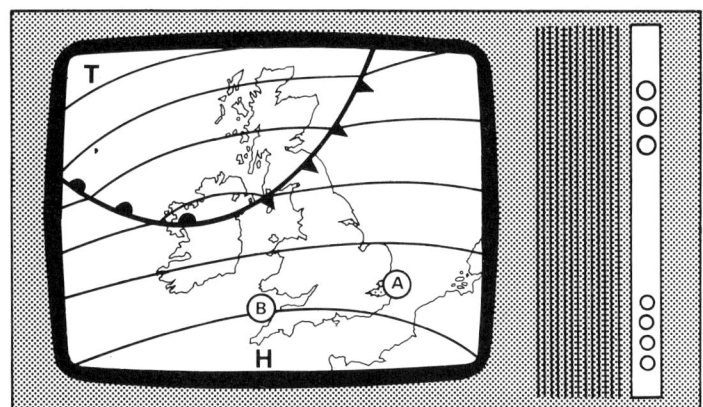

Heute: Schönes Wetter für A und B.

Morgen: Wind rückdrehend auf NW, Böen, Schauertätigkeit.

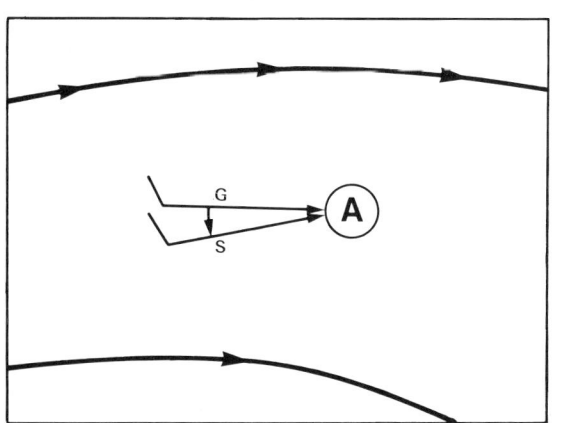

Fernsehwetterkarte

Der Übersetzer muß hier vom Autoren abweichen: Die beiden Abbildungen oben zeigen Wetterkarten des britischen Fernsehens - links Wetterlage von heute, rechts voraussichtliche Wetterlage von morgen. Diese Wetterkarten sind ausführlicher gezeichnet als die des 1. Programms ARD in Deutschland, die wegen umständlicher Produktion (Trickfilm) auch auf zu alten Unterlagen beruhen. Die Wetterkarte der ersten Abendnachrichten des 2. Programms ist aktueller und in der Vorhersage bekanntlich meist richtiger. Beide Wetterberichte sind jedoch im Gegensatz zum britischen Service für See- und Küstenschiffahrt nicht tauglich. Bessere Informationsmöglichkeiten für segelnde Deutsche: siehe Seiten 68-69.

Zeichnung links

Der Höhenwind hat die Richtung der Isobaren, es ist der Gradientwind (G). Die Richtung des Bodenwindes ist dagegen um 10...15 grd auf See und 20...40 grd an Land rückgedreht (S). So ist der Wind der Karte für heute SW, der für morgen SW bis NW, je nachdem wie das Tief zieht. (Siehe brit. TV-Wetterkarten oben.)

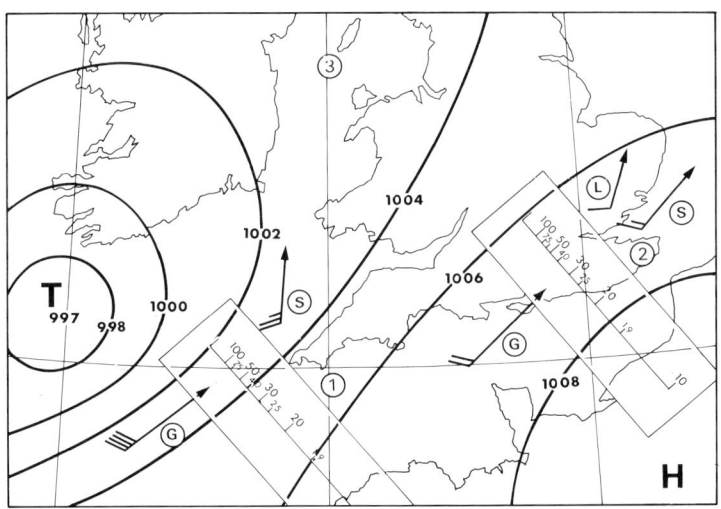

Wie der Wetterprophet den Wind vorhersagt

Es ist ganz hilfreich, wenn man weiß, wie der Meteorologe das macht. Zuerst entwirft er eine Vorhersagekarte, deren Isobaren nach bestem Mühen richtige Abstände haben. Dazu vergleicht er die Bodenwindkarte (etwa vom Mittag) mit der Höhenwindkarte zur selben Zeit, die er nach einigen Erfahrungssätzen zu einer Karte für ein paar Stunden später weiterführt – ganz wie der Wettergott es vielleicht tun wird, was „extrapolieren" heißt. Kleine Macken und Kinken werden dabei glattgebügelt. Das dann auf Bodennähe zurückbezogen, zeigt uns, wo gegen Abend oder am folgenden Tag die Tiefs und Hochs vermutlich zu finden sein werden. Die Voraussage-Isobaren verlaufen so, wie sie es nach dieser Vermutung müßten.

Die Windgeschwindigkeit wird aus den Isobarenabständen nach der speziellen *geostrophischen* Tabelle berechnet – diese berücksichtigt nicht nur den Gradient, sondern auch die infolge der Isobarenkrümmung auf die Luftmasse wirkende Zentrifugalkraft. Die Formel zur Berechnung der geostrophischen Kraft ist kompliziert, aber der Vorhersager benutzt dazu ein transparentes Maßlineal, das er auf die Isobarenkarte legt. Von dem so geweissagten Wind gibt er dem über See 2/3 an Stärke, dem über Land 1/3 wegen der unterschiedlichen Bodenreibung. Außerdem berücksichtigt er noch besonders scharfe Kurven in den Isobaren, in denen die allgemeine Windregel nicht so gilt. Die Vorhersage ist immer eine mittlere Windgeschwindigkeit; die geostrophische kommt in Böen manchmal aus mehreren hundert Metern Höhe herab.

Längs der Isobaren weht der Wind nur in Höhen ab 600 m. Weiter unten weist er mehr zum Tiefkern hin und ist langsamer (S) gegenüber (G) bei (1); (S) mag mit 25 kn wehen, dann hat (G) 40 kn. Ähnlich im Gebiet (2) mit einem Hoch, wo die Isobaren nicht so dicht liegen. Geostrophischer Wind (G) mit typisch 20 kn und Bodenwind (S) mit vielleicht 15 kn sind schwächer, über Land (L) noch schwächer und noch mehr in Richtung Druckgefälle gedreht. Wo die Isobaren auseinanderlaufen, läßt sich der geostrophische Maßstab nicht anlegen – da herrscht leichter, veränderlicher Wind.

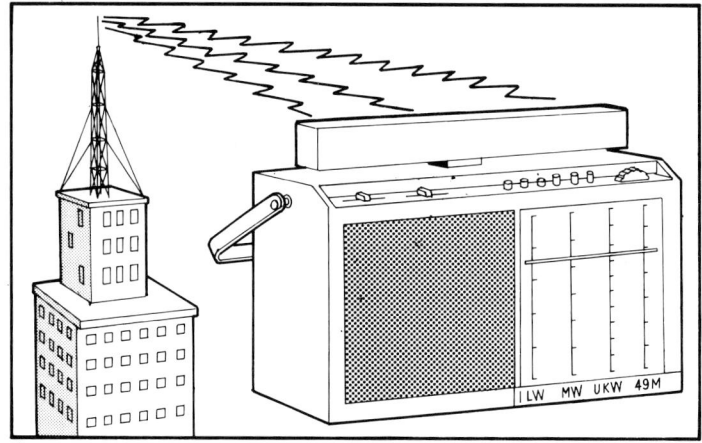

1

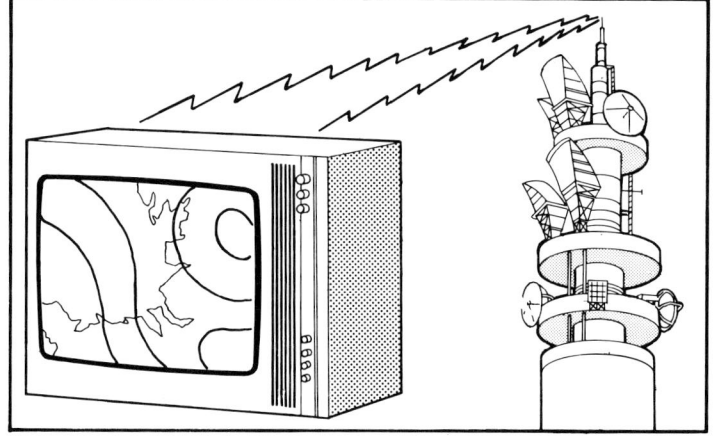

2

Wo gibt's Wettervorhersagen? 1

1 Vorhersagen werden über Radio mehrfach am Tage fürs Binnenland gegeben; außerdem Straßenzustandsberichte. Binnenland-
Vorhersagen sind für Jollensegler meist wichtiger als Seewetter-
berichte. (Siehe Programmankündigungen in Tageszeitungen.)

2 Der TV-Wetterdienst am frühen Nachmittag ist zu lückenhaft und
in den Abendnachrichten nur im 2. Programm besser.

3 Im Binnenland und an der Küste ist der nützlichste und jeweils
aktuellste Wetterdienst der des Telephonansagedienstes mit den
im Bundesgebiet einheitlichen Rufnummern 1164 in den großstäd-
tischen Ortsnetzen und 01164 in kleineren Ortsnetzen - im Zwei-
felsfalle probieren. Im Ausland findet man entsprechenden Tele-
phon-Wetterdienst in den Service-Seiten der Telephonbücher.

3

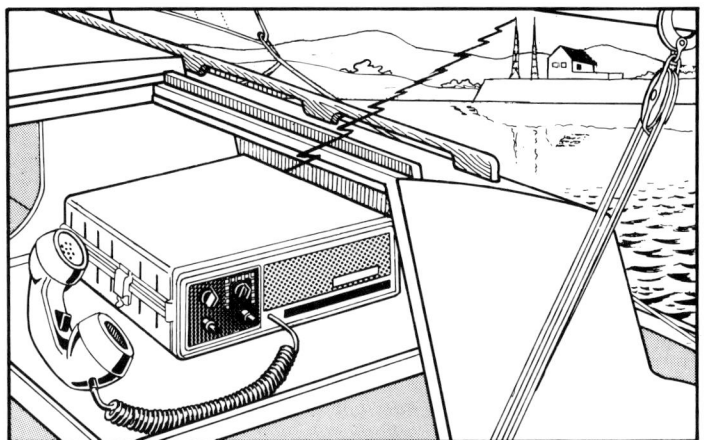

Wo gibt's Wettervorhersagen? 2

4 Weitere Auskünfte kann man telephonisch vom nächsten Wetteramt bekommen - verlangen Sie die Vorhersage. Am besten ist die Zeit von „20 nach" bis nächste volle Stunde.

5 Windansagen für Segler auf See werden vom Norddeutschen Rundfunk 2 im Anschluß an den allgemeinen Wetterbericht gegeben; für das Mittelmeer sendet ihn der Österreichische Rundfunk. Weitere Hinweise stehen im Jachtfunkdienst, Sprechfunk für Küstenfahrt und Nautischen Funkdienst III (Druckschriften des Deutschen Hydrographischen Instituts, DHI).

6 Viele Tageszeitungen - auch im Ausland - und die Hafenämter bringen Wetterkarten, doch bei Zeitungen muß man bedenken, daß die Karte 18 Stunden alt sein kann. Große Yachten mit Sprechfunkstelle können jederzeit Wetterauskünfte über die Küstenfunkstellen bekommen.

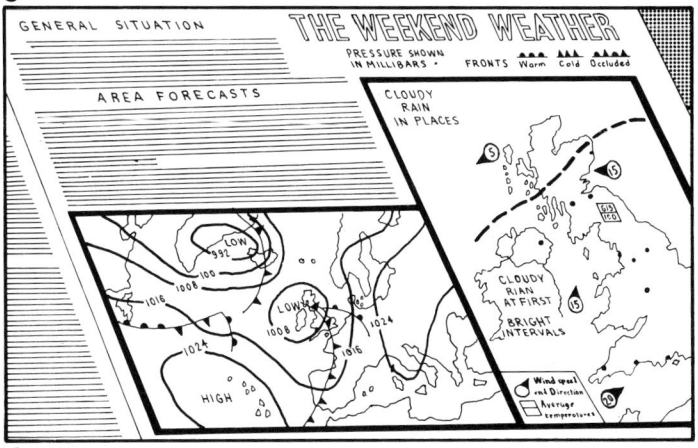

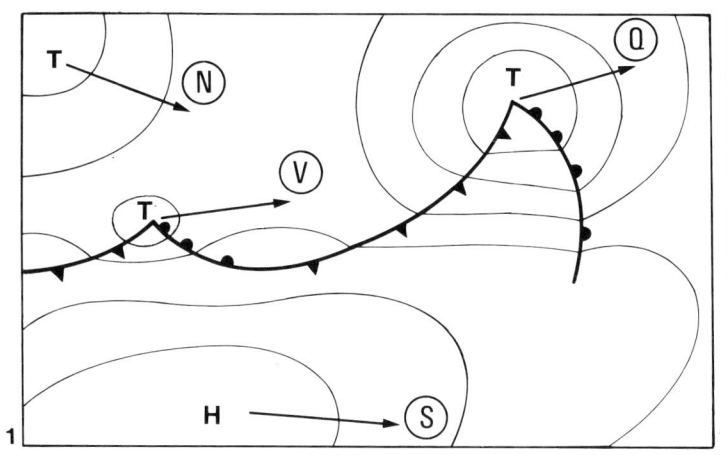

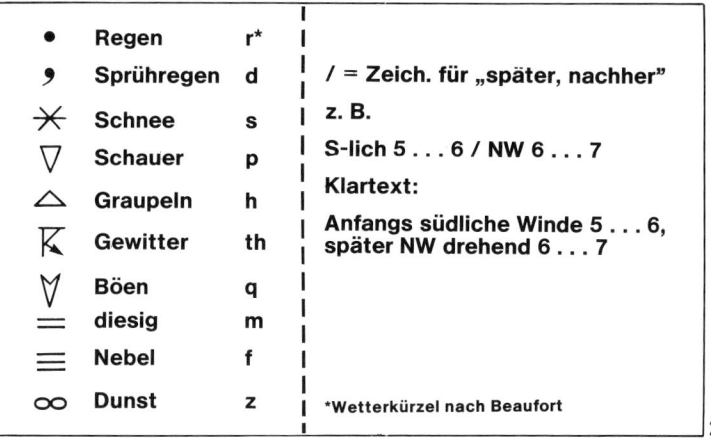

●	Regen	r*
﹐	Sprühregen	d
✳	Schnee	s
▽	Schauer	p
△	Graupeln	h
⚡	Gewitter	th
V	Böen	q
=	diesig	m
≡	Nebel	f
∞	Dunst	z

/ = Zeich. für „später, nachher"

z. B.

S-lich 5 . . . 6 / NW 6 . . . 7

Klartext:

Anfangs südliche Winde 5 . . . 6, später NW drehend 6 . . . 7

*Wetterkürzel nach Beaufort

Auswertung der Wetterberatung 1 und 2

1 Stürme beginnen, weil sich die Drucksysteme verlagern (ziehen) und weil ein Tief sich vertieft oder ein Hoch sich verstärkt oder beides zusammenkommt. Für die Zuggeschwindigkeit hat der Wetterdienst besondere Ausdrücke:

langsam	Zuggeschwindigkeit	≦ 15 kn
(ohne Angabe)		15...25 kn
rasch		25...35 kn
schnell		35...45 kn
sehr schnell		≧ 45 kn

(Der deutsche Seewetterdienst legt sich da nicht so genau fest - d. Übers.) Typische Systeme, die so ziehen, sind abgebildet. Hochs ziehen langsam (S). Ein entwickeltes Tief zieht rasch (Q). Eine Wellenstörung (V) zieht gewöhnlich sehr schnell, besonders wenn zahlreiche Isobaren hinter der Kaltfront liegen, und vertieft sich in Verfolgung des voranziehenden Tiefs. Das flache Tief (N) am Rande des Geschehens wird normal schnell ziehen, um mit den anderen eine komplexe Tiefdruckzone zu bilden.

Ein Zentrum, das sich nicht verlagert, wird als stationär, eventuell als „wenig verlagernd" bezeichnet.

Zur Aufnahme des Wetterberichts gibt's Vordrucke „Bordwetterkarte" (Kartenagenturen des DHI), Logbuch Kreuzerabteilung. Einige Abkürzungen (n. Beaufort) und Wettersymbole zeigt **2**. Der schräge Bruchstrich (/) als Symbol für „später" erspart einem etwas Schreiberei.

3 Am Ende der Vorhersage werden meist noch Stationsberichte (x) gegeben mit Wind, Sicht und barometrischer Tendenz, an denen man die Vorhersage etwa beurteilen kann. Es sind nur wenige, weit auseinanderliegende Küstenstationen. Der englische Bericht gibt nach 2345 MGZ zusätzliche Lagen für die mit „o" markierten Orte.

4 zeigt die Vorhersagegebiete des britischen Seewetterfunks - sie sind selbstverständlich nicht identisch mit den deutschen, französischen und spanischen. (Die Zeichnungen mußten original für die deutsche Übersetzung übernommen werden.)

Stornoway
Wick
Aberdeen
Leuchars
Tiree
Bell Rock
Prestwick
Malin Head
Machrihanish
Acklington
Orlock Head
Killough
Kilkeel
Ronaldsway
Dowsing
Valley
Gorleston
Aberpark
Galloper
Mumbles
Manston
Varne
Royal Sovereign
Portland Bill
Scilly

3

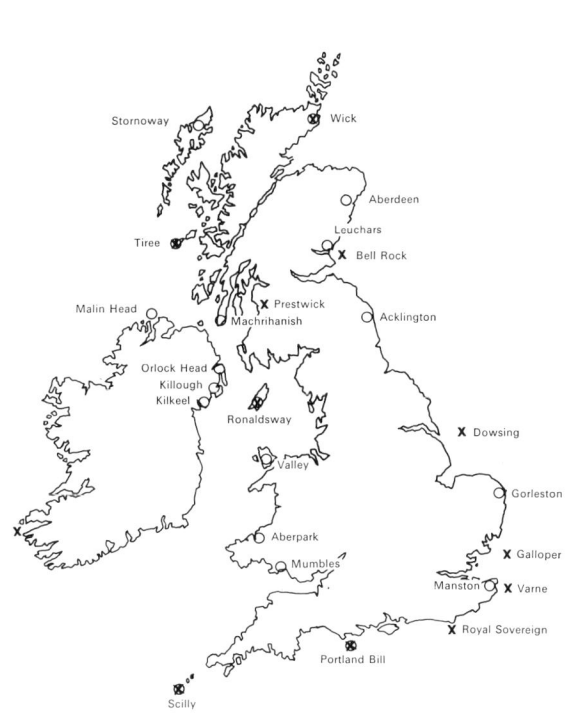

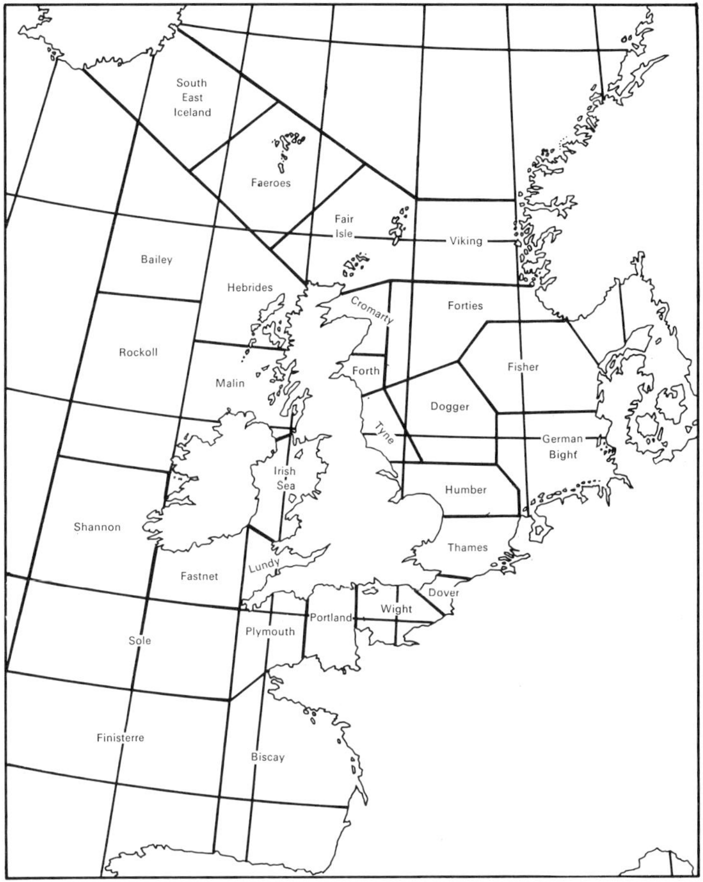
South East Iceland
Faeroes
Fair Isle
Viking
Bailey
Hebrides
Cromarty
Forties
Rockall
Forth
Fisher
Malin
Dogger
Tyne
German Bight
Irish Sea
Humber
Shannon
Thames
Fastnet
Lundy
Dover
Wight
Portland
Plymouth
Sole
Finisterre
Biscay

4

Land-Vorhersage			
Beaufort-Skala			**kn**
windstill	**0**	○	**< 1**
leicht	**1...3**		**1...10**
mäßig	**4**		**11...15**
frisch	**5**		**16...21**
stark	**6...7**		**22...33**
stürmisch	**8**		**> 34**

1

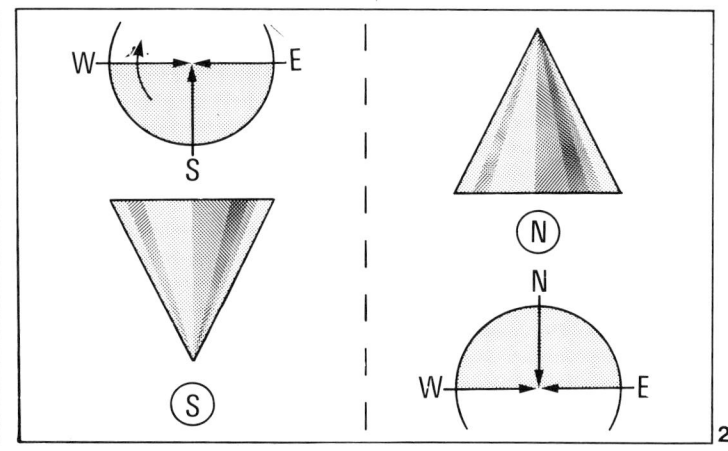

2

Gale = Force 8	**34-40 kt**
or Gusts	**43-50 kt**
Severe gale = Force 9	**41-47 kt**
or Gusts	**52-60 kt**
Storm = Force 10	**48-55 kt**

Imminent = **0-6 hrs**
Soon = **6-12 hrs**
Later = **12 + hrs**

3

Windstärke und Sturm

1 Festlandsvorhersagen für Wind haben besondere Bedeutungen und geben keine Böenstärken an (siehe S.22). Der Wind von morgen ist nur schwer zu schätzen; man nehme die Ansage nur als Leitwert. Wenn es Stärke 5 heißt, wird's bestimmt nicht 2, aber 4 oder 6 könnte es auch werden. Die Windpfeile fliegen mit dem Wind, und eine lange Fieder steht für Stärke 2 Bft oder 10 kn; eine kurze für 1 Bft oder 5 kn - jedenfalls ungefähr.

2 Sturmwarnsignale britischer Küstenstationen zeigen nur Sturm aus südlichen Richtungen und aus nördlichen Richtungen. Stürme aus den beiden südlichen Quadranten haben die Tendenz, später nach W bis NW zu drehen. Britische Nacht-Sturmsignale: Lampen-dreiecke entsprechend den Kegelsignalen.

3 Britische Bezeichnungen für Winde von Sturmstärke. Aussprache der brit. Bezeichnungen: *gale* (gehl = Sturm), *gusts* (gasts = Böen), *severe* (sevier = schwer), *storm* (sto'm), *force* (fohs = Stärke), *imminent* (bevorstehend), *soon* (suhn = bald), *later* (lehte oder leite = später).

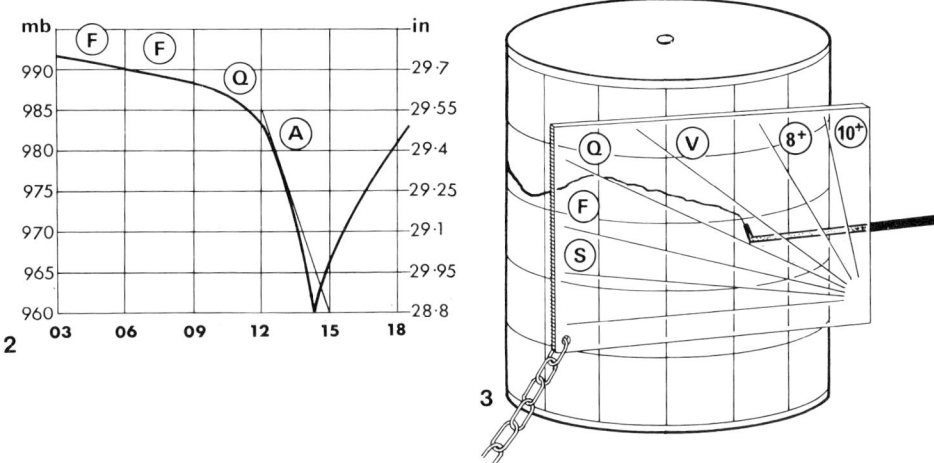

steigend/fallend		mbar/3h
stetig		0,0...0,1
langsam	(S)	0,1...1,5
mäßig	(F)	1,6...3,5
schnell	(Q)	3,6...6,0
sehr schnell	(V)	> 6
Sturmstärke	≥ 8	> 10
Sturmstärke	≥ 10	> 20

1

2

3

Barometer-Trends

1 Nur der Trend der Barometerkurve, nicht der Barometerstand sagt was über den herrschenden und kommenden Wind aus - der Trend über 3h in meteorologischer Praxis. Die üblichen 3-h-Tendenzen sind aufgezeigt. Bei 10 mbar/3h geht's nicht unter Stärke 8 ab; bei 20 mbar/3h rechne mit 10 Bft und mehr.

2 Das vom Barographen aufgezeichnete Barogramm zeigt die Entwicklung eines Sturms von 10 Bft. Druck fallend von 0300...0900 (Uhr) (F), geht über in schnell fallend (Q) und dann in steil („in den Keller") fallend (A) - würde dieser Trend 3h anhalten, handelte es sich um einen Sturz von 45 mbar. Solche Stürme sind selten und örtlich begrenzt. Ziehe in (A) eine Tangente zwischen einen 3-h-Intervall: Der Trend zeigt hier einen Fall von 25 mbar/3h - genug für Wind von Sturmstärke. Der steile Wiederanstieg bedeutet ebenfalls starken Wind.

3 Zur Beurteilung der Barogramme seines Barographen kann man sich aus Plexi eine Schablone machen mit den Tendenzen (S) = 1,5 mbar/3h; (F) = 3 mbar/3h; (Q) = 5 mbar/3h; (V) = 7 mbar/3h; (8+) = 10 mbar/3h und (10+) = 20 mbar/3h. In der Zeichnung schreibt die Trommelfeder Tendenz (V), was (vorerst) besagt, daß man es mit wahrscheinlich Stärke 6, möglicherweise 8, zu tun bekommt.

73

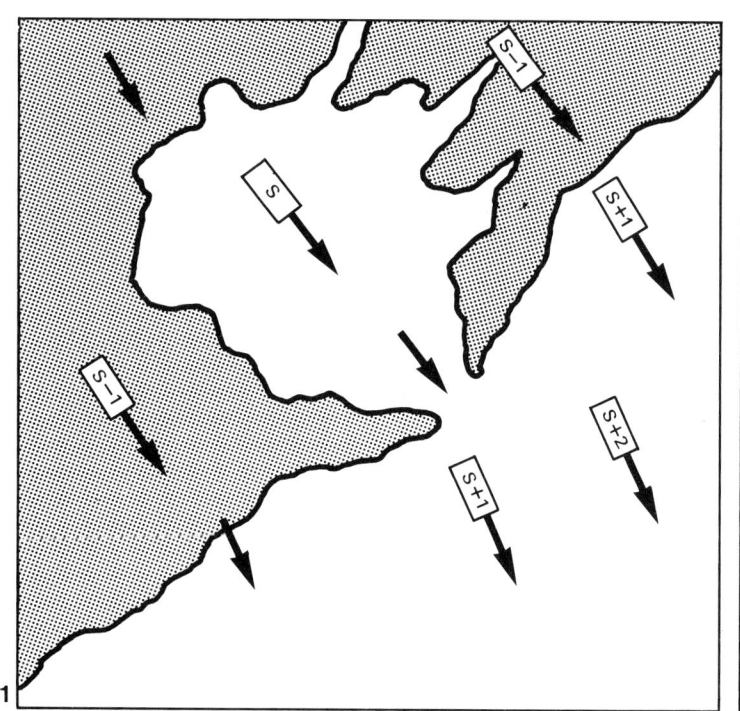
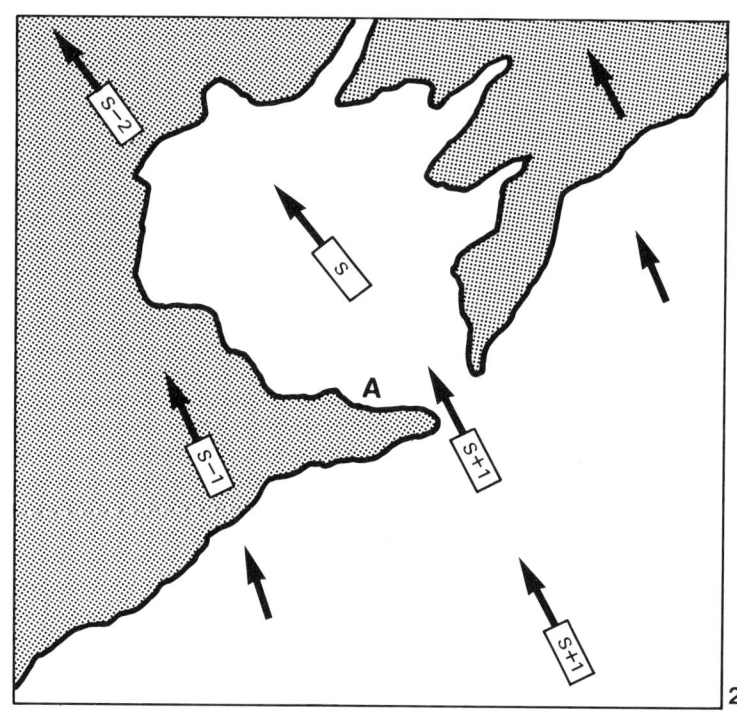

Wind von Küste und Küstenrevier

1 Sagen wir, der Wind im Hafen habe Stärke S, dann hat er über Land S - 1 Bft, auf See in Küstennähe S + 1 und weiter draußen sowie möglicherweise gleich vor der Hafeneinfahrt S + 2 Bft. Alles für den Fall, daß der Wind von Land kommt.

2 Kommt der Wind von See, und im Hafen weht es mit Stärke S, dann weht es auf See nicht viel, vielleicht 1 Bft stärker. Auf Land und im unmittelbaren Landschutz, etwa bei (A), hat man es mit etwa S - 1 zu tun; sind dort Stärke 4, dann sind es auf See Stärke 6.

74

Wind über Land und über Wasser

Unter bestimmten Umständen ändert sich der Wind nach Richtung und Stärke von Ort zu Ort ganz beträchtlich, wofür wir ein Beispiel aus der Praxis haben, festgestellt über NW-Wales.

(A) Bremseffekt des Landes. Stärke 5 an der Küste geht zurück auf Stärke 2 nur wenig landeinwärts.

(B) Einengung: Die ankommende Stärke 4 wird im Tal zwischen den Bergen zu Stärke 5.

(C) Steuerwirkung von Gebirgen: Der West 2 über der Ebene wird am Bergmassiv zum NW 2 abgelenkt.

(D) Steuerung und Bremsung durch Steilhänge an der Küste: Selbst über die Flußmündung hinweg wird der Wind um 90° aus seiner Richtung über See umgelenkt, wenn Gebirge in der Nähe liegen. Der Wind überm See kommt hier mit 3 aus W über die Berge und mit 2 aus SW aus dem Tal.

(E) zeigt, wie ein schmaler Bergrücken den Wind in zwei Richtungen rechtwinklig zueinander teilen kann.

(F) Kanalisierung durch Wasserweg: Von See weht es mit 5 aus West, aber im Schlauch sind's anfangs nur 2, weiter oben noch 1. Auf der geschützten Seite (punktmarkiert) herrscht Flaute.

(G) Weiter mit Kanaleffekt: Der Wind nimmt über der weiten Bucht wieder Geschwindigkeit und Richtung auf.

(H) zeigt die Wirkung von Tälern und ihren sehr lokalen Einfluß auf den Wind.

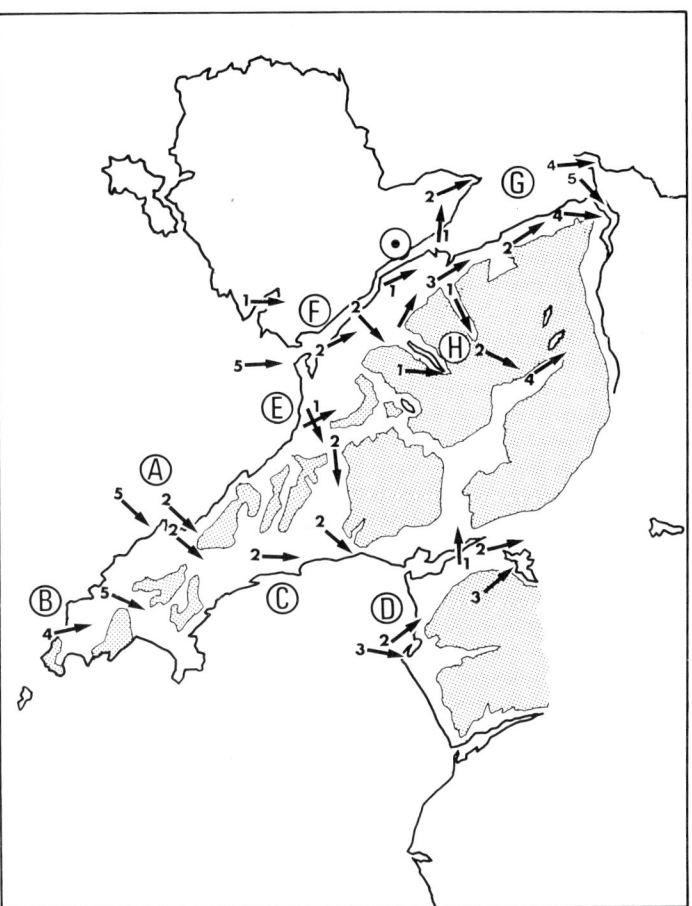

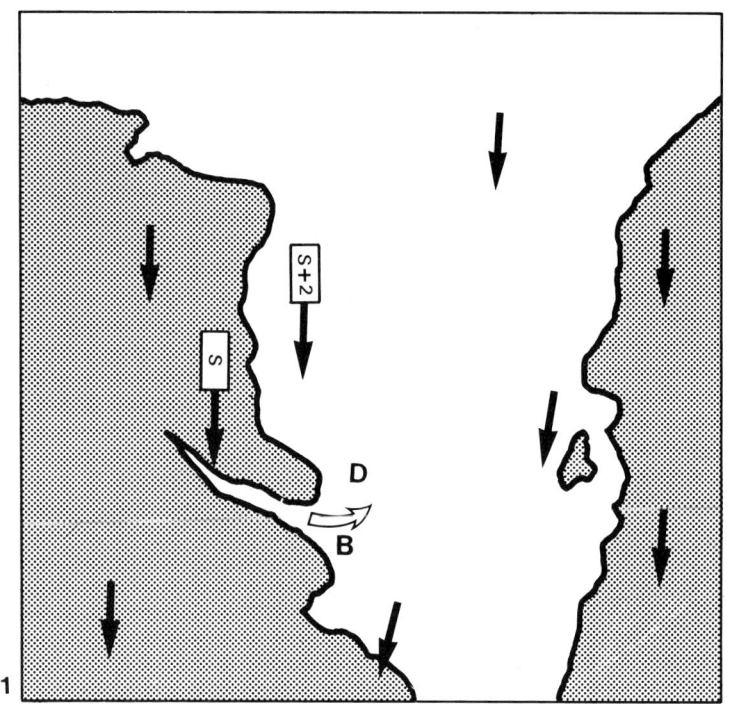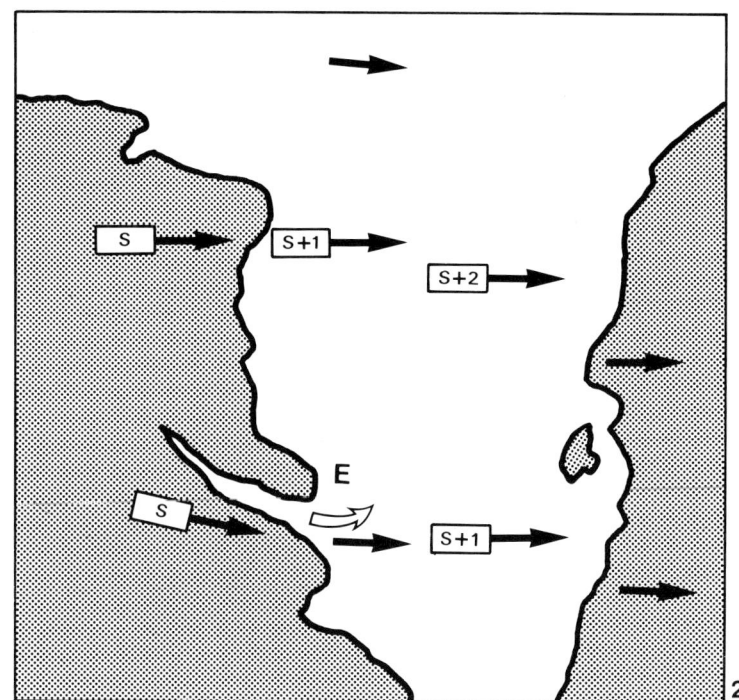

Schutz und Gefahr 1

1 In die vielleicht 80...160 km breite Trichterbucht weht es stark von See her hinein, und sehr wahrscheinlich wird bei D schwere See stehen, wenn die Tide gegen den Wind läuft. Zudem kann der Wind bei B durch Trichterwirkung verstärkt sein.

2 Dieselbe Trichterbucht bietet Schutz, wenn der Wind quer zu ihr weht, und der Schutz reicht noch hinaus bis auf See. Der Fetch (freie Windstrecke über Wasser) bei E ist kurz, die See entsprechend kurz und nicht hoch, außer es hätte lange aus gleicher Richtung geweht. An der Leeküste aber wird eine böse See mit Brandung stehen; Riffe und Bänke vor dieser Küste sollte man möglichst meiden.

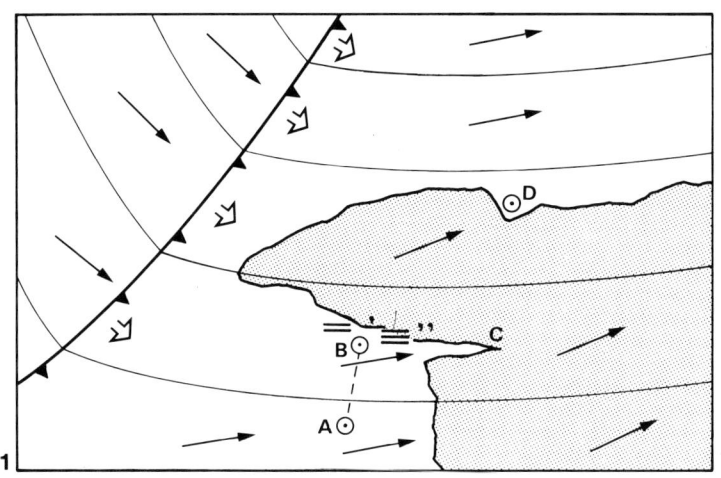
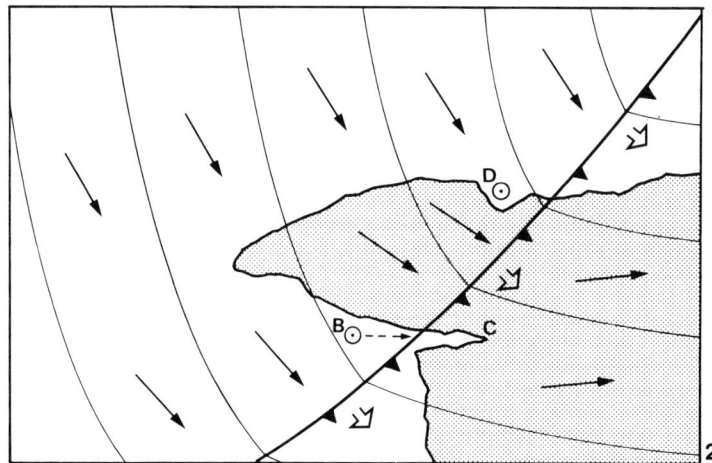

Schutz und Gefahr 2

1 Beim Passieren einer Front dreht der Wind (nördlich des Äquators) rechts, so daß ein geschützter Ankerplatz unsicher werden kann. Umgekehrt kann eine Leeküste bei einem trüben Warmluftlandfall nach Durchzug der Kaltfront sich geschützt und mit bester Sicht darbieten. Beispiele für beides bietet das hier gezeigte Stück Land. Eine Yacht bei A nähert sich bei schlechter Sicht und Niesel halb am Wind segelnd der Küste voraus zwecks Landfall und anschließender Einsteuerung zum Hafen C. In Kenntnis der Wetterlage braucht der Navigator keine schlechte Laune zu haben, denn die Kaltfront kommt mit 30 kn heran.

2 So stellt sich der Yacht die Lage etwa 3 h später dar. Die Luft ist klar, der Wind bei B weht backstags für gute Fahrt, und der Seegang wird wegen Landschutz flacher. Die polarmaritime Luft, die da über den vielleicht 100 km langen Landvorsprung kommt, ist freilich kühler.
Eine Yacht, die sich während der Periode in Bild 1 zum Ausruhen in die kleine Bucht D an der N-Küste versteckt hatte, wird nun Mühe haben, sich nach Durchzug der Front aus dem Loch und von der Leeküste freizusegeln. Es könnte hinter der Front sogar härter wehen, was zwar nicht oft vorkommt; aber wer weiß das vorher so genau.

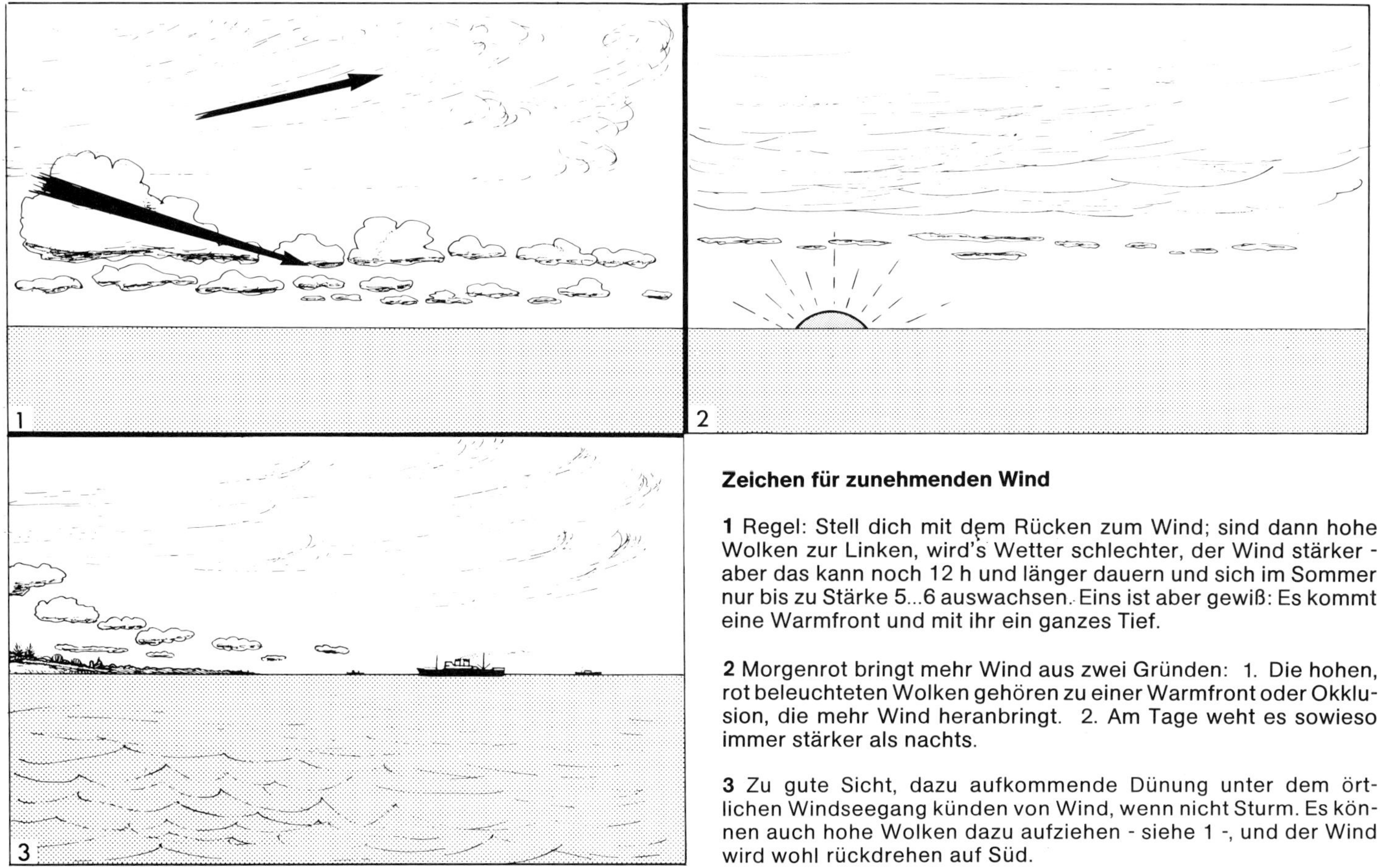

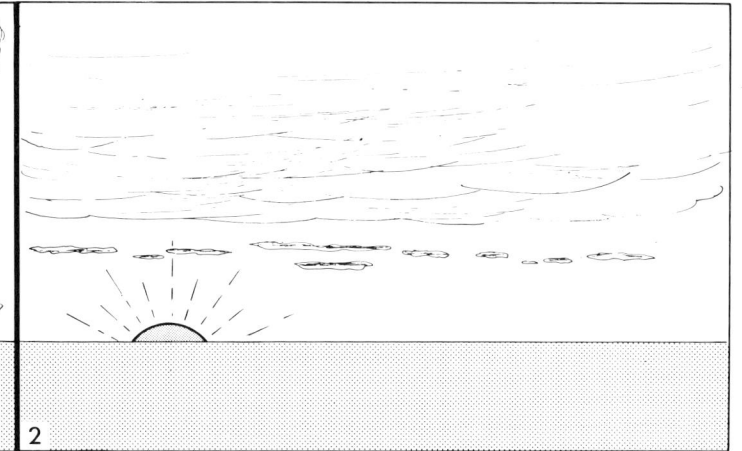

Zeichen für zunehmenden Wind

1 Regel: Stell dich mit dem Rücken zum Wind; sind dann hohe Wolken zur Linken, wird's Wetter schlechter, der Wind stärker - aber das kann noch 12 h und länger dauern und sich im Sommer nur bis zu Stärke 5...6 auswachsen. Eins ist aber gewiß: Es kommt eine Warmfront und mit ihr ein ganzes Tief.

2 Morgenrot bringt mehr Wind aus zwei Gründen: 1. Die hohen, rot beleuchteten Wolken gehören zu einer Warmfront oder Okklusion, die mehr Wind heranbringt. 2. Am Tage weht es sowieso immer stärker als nachts.

3 Zu gute Sicht, dazu aufkommende Dünung unter dem örtlichen Windseegang künden von Wind, wenn nicht Sturm. Es können auch hohe Wolken dazu aufziehen - siehe 1 -, und der Wind wird wohl rückdrehen auf Süd.

Zeichen für zunehmenden Wind

4 In Landnähe wird der Wind zur Nacht flau. Der thermisch bedingte Nachtwind wirkt allen auflandigen Windkräften entgegen. Drum muß schon ein strammer Gradient dahinterstecken, wenn nach Sonnenuntergang oder zur Nacht auflandiger Wind einsetzt, und das könnte sich sehr wohl noch verstärken.

5 Mit der Morgendämmerung verlassen viele den Schutz des Hafens, aber das ist auch die Zeit des geringsten Windes. Wind, der um diese Zeit aus irgendeiner Richtung zunimmt, läßt vermuten, daß es draußen rauh wird. Man höre sich eine Wettervorhersage an.

6 Wenn in einer Sturmlage das Wetter seinen übelsten Punkt (T) erreicht hat und das Barometer sich fängt oder wieder zu steigen beginnt, kann eine Beruhigung eintreten - nicht für lange, denn dies zeigt, daß man im Kern des Tiefs steckt. Es wird nach einer Rechtsdrehung bald hart weiterwehen. Hier ist die Sturmlage während des Fastnet Race 1957 dargestellt. (Siehe Adlard Coles, „Schwerwettersegeln".)

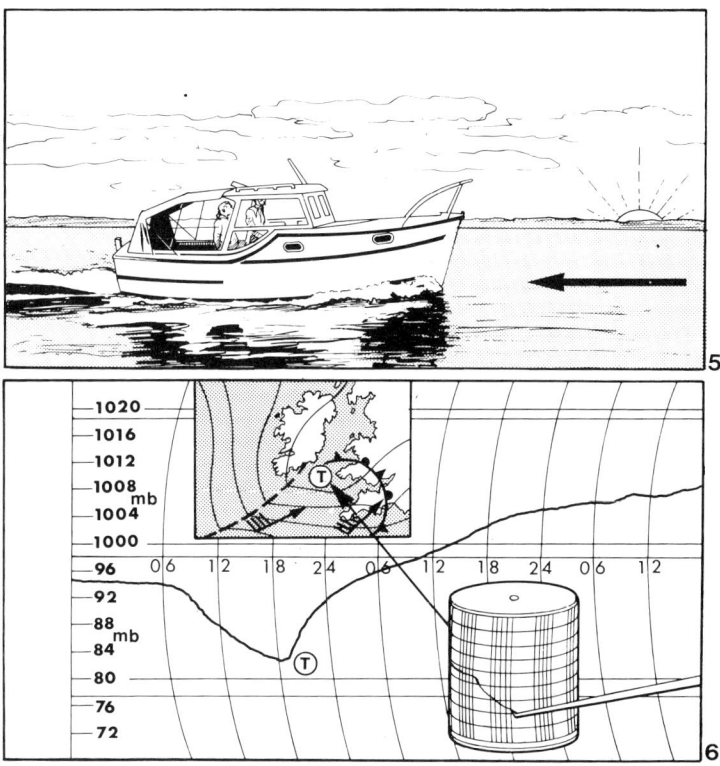

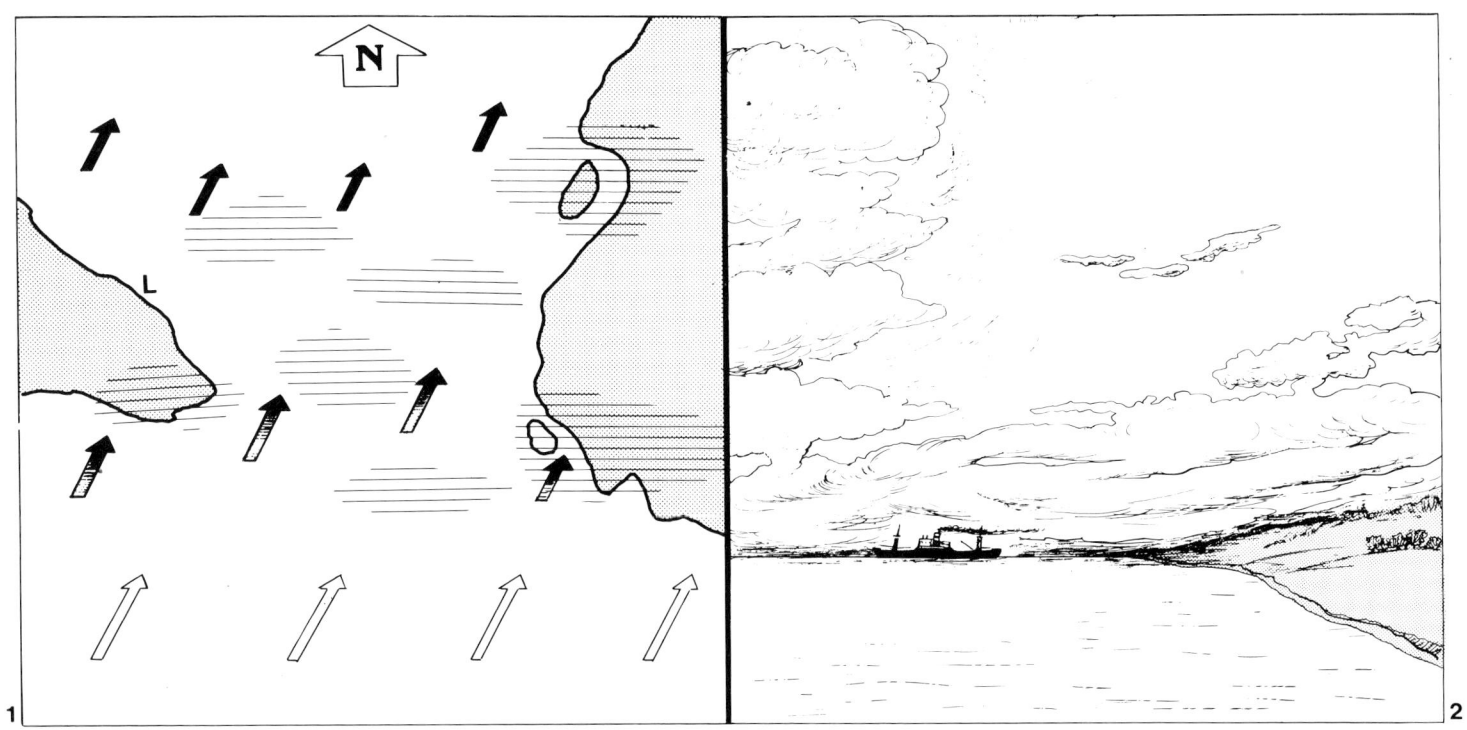

Wind und Nebel

1 Seenebel ist stets zu erwarten, wenn warmfeuchte Luft von südlich warmer See über kaltes Wasser kommt. Er bildet sich oft zuerst über Küsten, ist an Luvküsten aber selten. Die lichten Pfeile zeigen Warmluft, die schwarzen Kaltluft.

2 Anzeichen für Nebel sind: a) schlechte Sicht, b) sinkender Schornsteinrauch, c) Schichtwolken, d) Decks-Tau, e) klamme Luft, f) Windstärke $\leq$ 4. Unmittelbares Zeichen: Nebelbildung und tiefe Wolken über naher Küste.

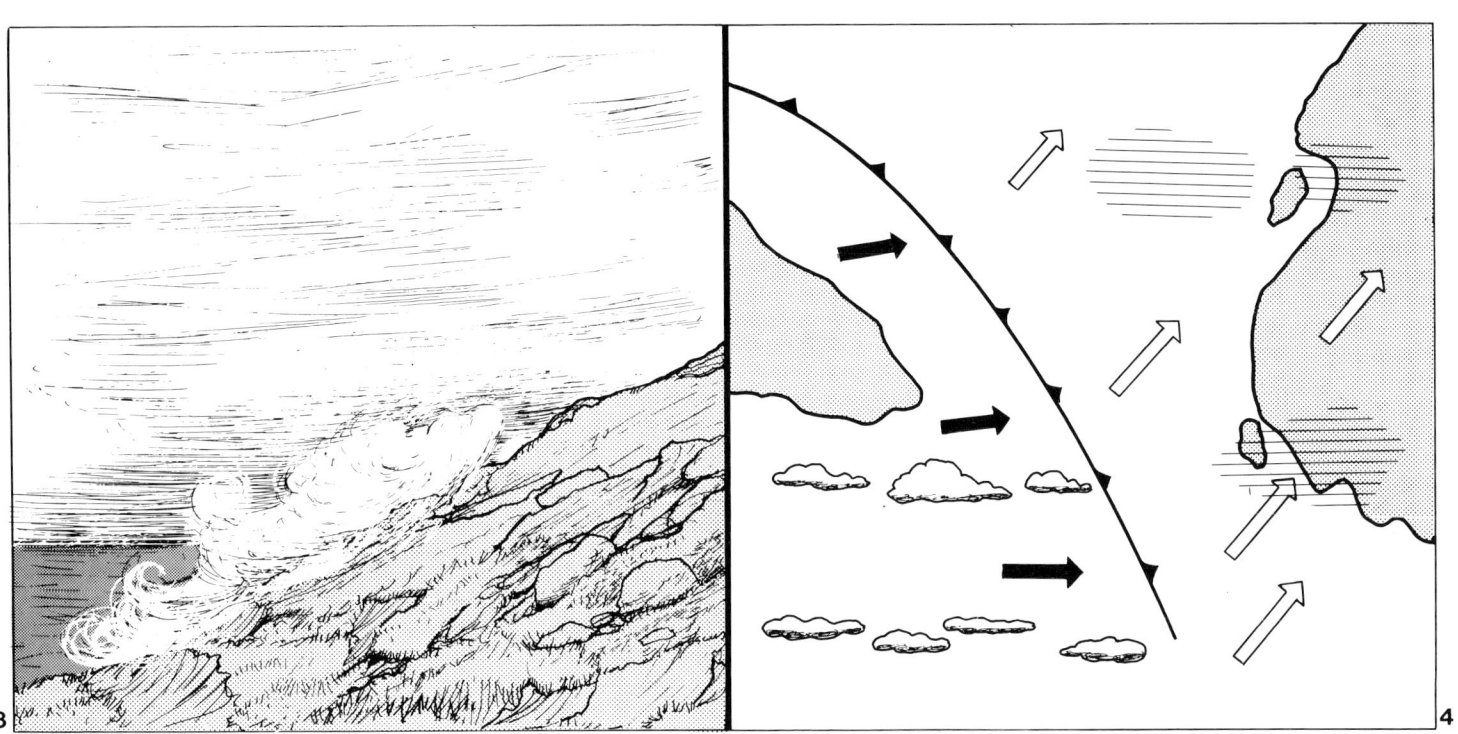

3 Sonnenbeschienene Klippen geben genug Auftrieb, um den Nebel aus dem Küstenbereich abzuziehen. Seebrise kann dabei nützlich, aber auch schädlich sein, wenn sie Nebelbänke von draußen heranweht. Gelegentlich findet man einen nebelfreien Streifen in der Nähe steiler Küsten, wenn's draußen dicht ist.

4 Ankommende Kaltluft mindert das Nebelrisiko. Zeichen für „kein Nebel" sind: a) Cumulus und Cumulonimbus (Schauerwolken), b) frische Luft, c) aufsteigender Schornsteinrauch.

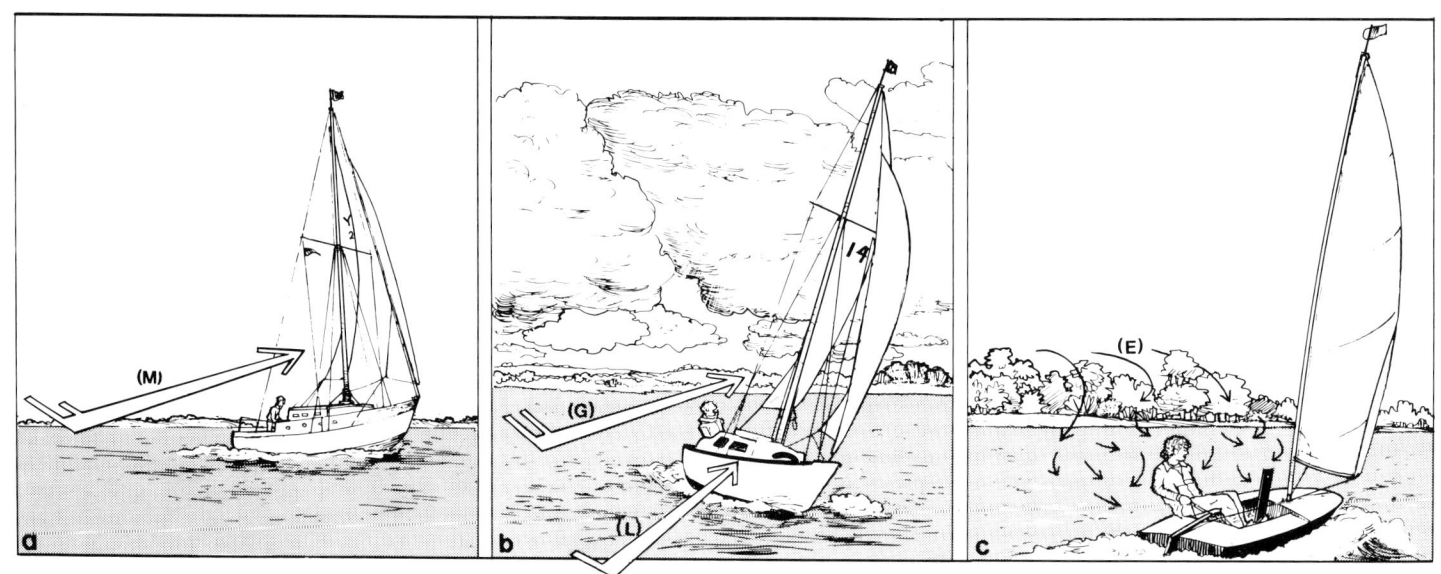

Echter Wind = mittlerer Wind + Unruhe + Turbulenz

Woraus besteht echter Wind?

(a) Echter Wind hat mittlere Richtung und mittlere Geschwindigkeit (M), aber für den Segler besteht der wahre Wind aus Böen mit mehr und „Lullen" mit weniger Tempo und Drehungen um die Generalrichtung. Manche Winde halten sich kaum in der Hauptrichtung auf; sie pendeln und sind abnorm wechselhaft (S.91). Meist kennt man Hauptrichtung und -geschwindigkeit des Windes ganz gut, und zwar besser auf See als nahe dem Land.

(b) Mittlerer Wind ist ein Bezug, zu dem Böen (G) und Lullen (L) und das Pendeln addiert werden müssen. In Landnähe pendelt es stärker. Es gibt Drehungen in Minutenzeiträumen und schneller folgende, die man taktisch zum Luvgewinn in kleinen Portionen nützen kann. Der Wind dreht mit jeder Tempoänderung, worauf ein guter Steuermann ständig reagieren muß. In Böen dreht der Wind rechts, in Lullen dreht er zurück.

(c) Bodenhindernisse erzeugen Wirbel (E), die sich der größeren Unruhe des Windes überlagern. Taktisch läßt sich diese Kleinturbulenz nicht nützen; sie ist eher lästig, weil sie die taktisch nutzbaren Böen und Lullen überlagert. Jeder Wind ist turbulent durch Oberflächenreibung; Thermik, kenntlich an Haufenwolken, macht ihn besonders turbulent. Die Achsen der Wirbel von Landzungen stehen senkrecht, die von Steilküsten-Leewirbeln mehr waagerecht, ebenso die der Reibungswirbel.

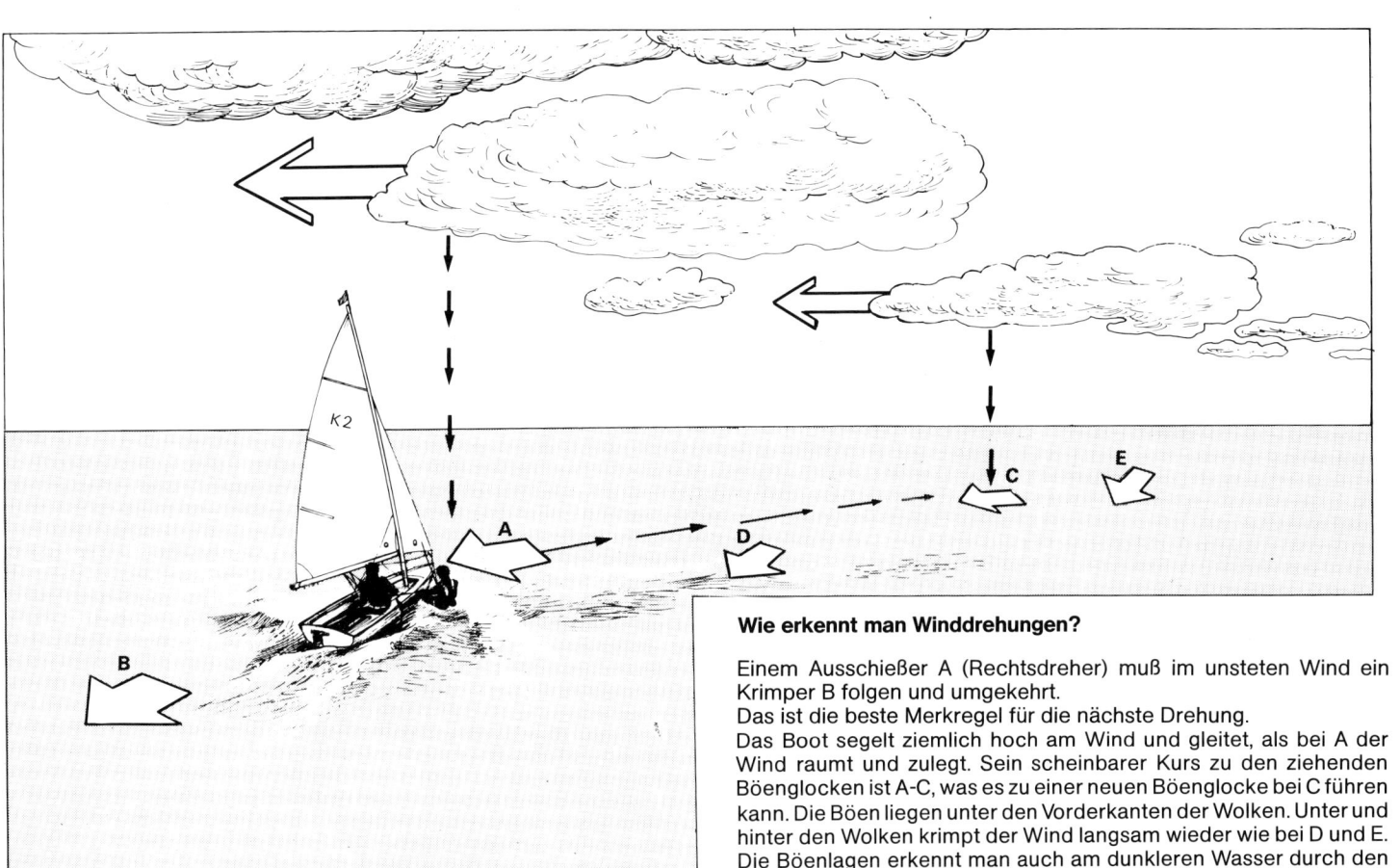

Wie erkennt man Winddrehungen?

Einem Ausschießer A (Rechtsdreher) muß im unsteten Wind ein Krimper B folgen und umgekehrt.
Das ist die beste Merkregel für die nächste Drehung.
Das Boot segelt ziemlich hoch am Wind und gleitet, als bei A der Wind raumt und zulegt. Sein scheinbarer Kurs zu den ziehenden Böenglocken ist A-C, was es zu einer neuen Böenglocke bei C führen kann. Die Böen liegen unter den Vorderkanten der Wolken. Unter und hinter den Wolken krimpt der Wind langsam wieder wie bei D und E. Die Böenlagen erkennt man auch am dunkleren Wasser durch den Böenkabbel, der mit der Bö auf einen zukommt.

Erste Taktikregel für unsteten Wind

1 Im Moment kommt der Wind aus (A). Sollte er raumer drehen, mehr vom Land herkommen, luve an. Kommt er aber spitzer aus (B) und bleibt dafür länger, dann wende (C).
Wende nicht gleich, denn die vorlichere Drehung könnte von einem Wirbel stammen und nur kurz dauern. Zähle bis 20, und wenn der Wind dann immer noch aus (B) kommt, wende.

Wende bei spitzerem Wind

2 Denke an die Winddrehungen bei unstetem Wind. Für den Segler auf Bb-Bug ist der momentane Wind (D); er hat gerade rechtsgedreht und erspart die Wende, man kann die Tonne anliegen. Dran denken, daß die turbulenten Drehungen einen leichten Schlangenkurs verlangen, aber kein Grund zu einer panischen Wende sind. Die nächste größere Winddrehung kann man nicht sehen, aber sie ist entweder
a) eine Rechtsdrehung, die einen zur Tonne bringt, oder
b) ein Krimpen, das zum Abfallen aus der Tonnenrichtung zwingt.
In diesem Beispiel ist (E) eine Rechtsdrehung, die man anluvend zur Tonne hin nützt. Aber die Drehung ist so groß, daß ihr, wenn sie nicht von Dauer ist, ein Krimper folgen muß (F). Ist man darauf vorbereitet, kann man schnell wenden (aber man kann nie wissen, ob der Krimper auch kommt).

3 Das Boot auf Stb-Bug hat es mit einem gerade gekrimpten Wind (K) zu tun, weshalb der Steuermann als nächstes eine Rechtsdrehung erwartet, die ihm vorlich kommen wird, weshalb er schon „klar zum Wenden" anordnet, damit er bei (L) „ree" sagen und wertvolle Sekunden sparen kann.

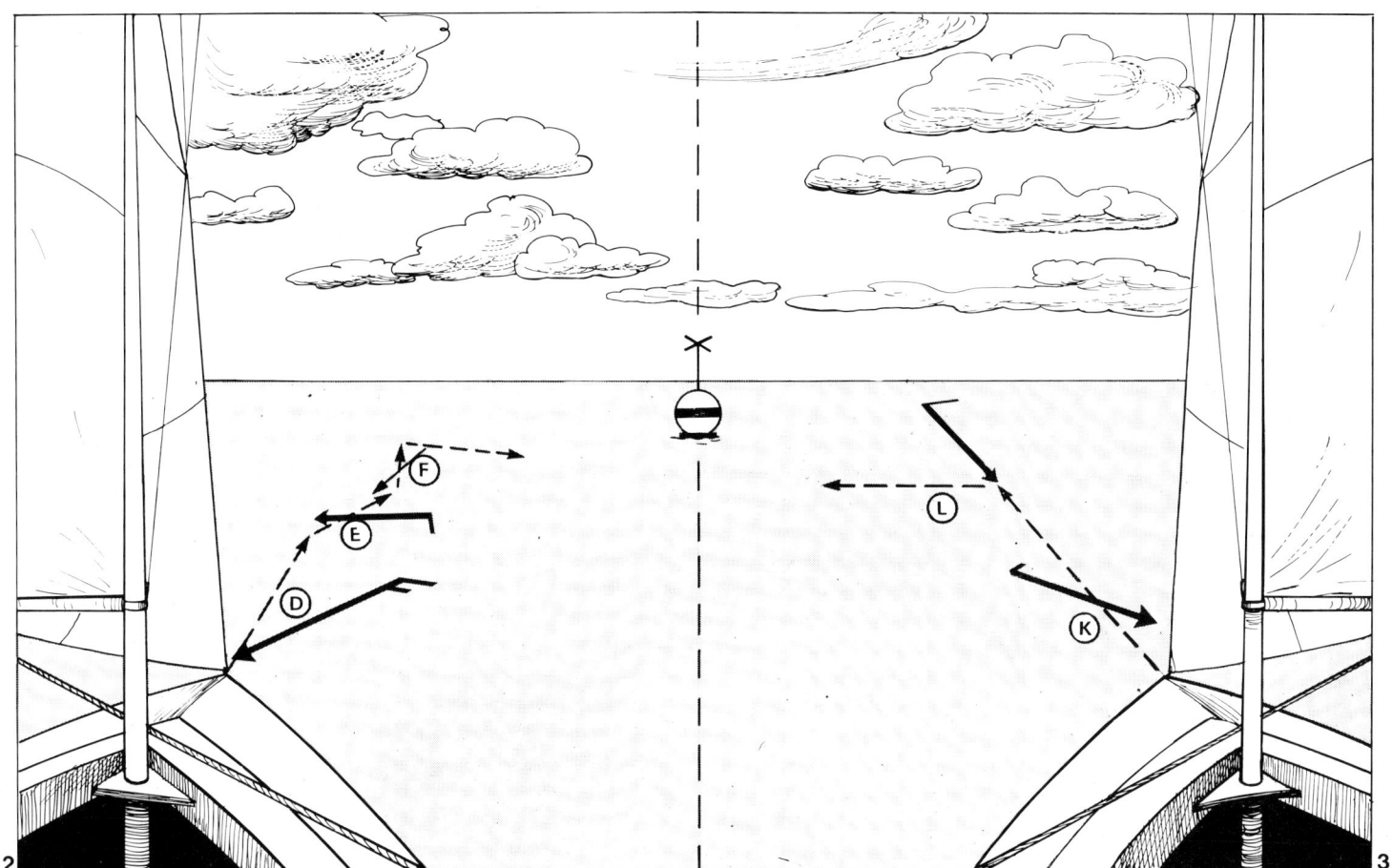

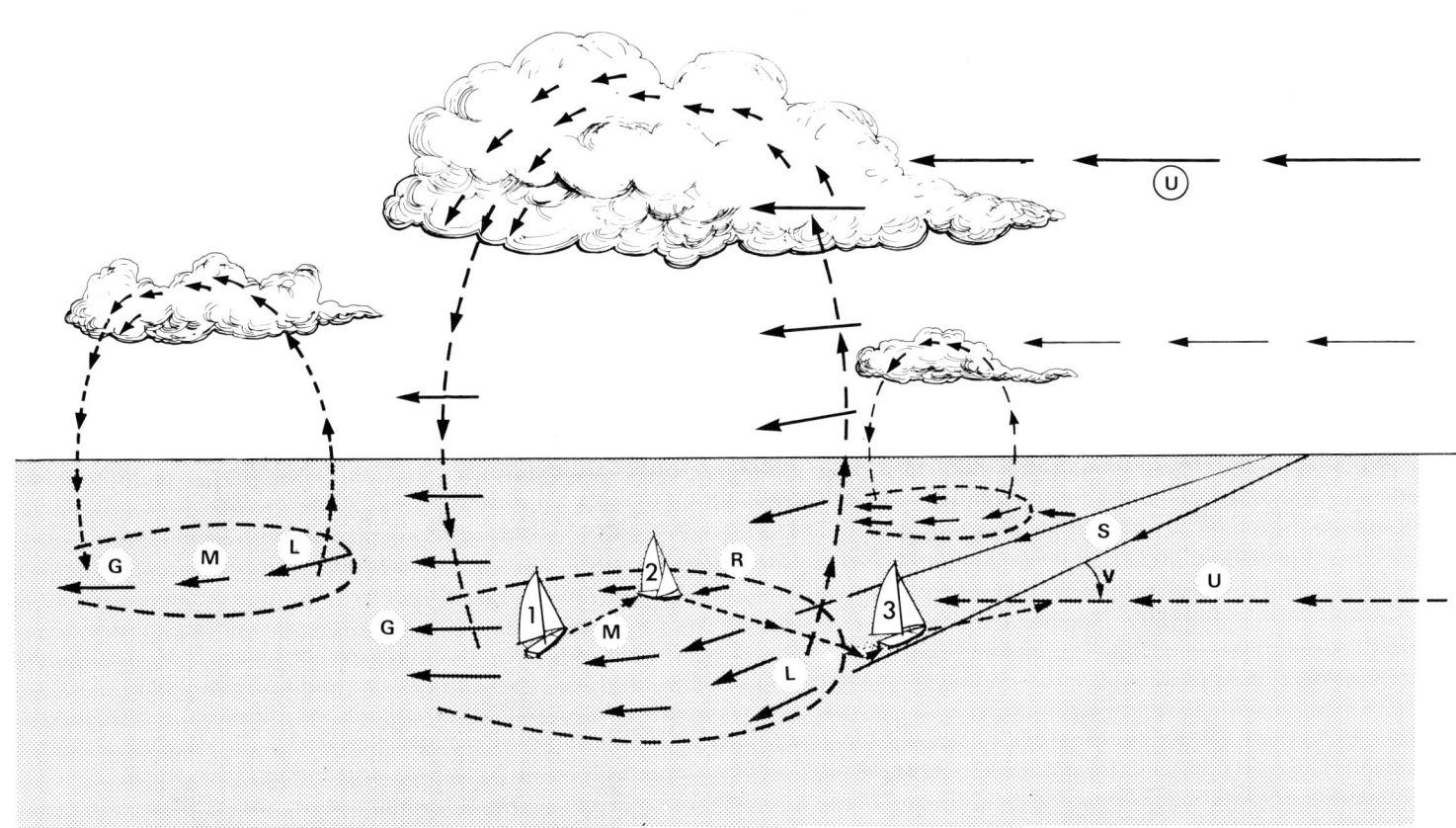

Die Böenglocken

Die meisten Cumuluswolken sind ein sichtbares Indiz für ein Wind-wechselspiel unter ihnen. Was bei diesem Spiel vor sich geht, kann man sich mit der Vorstellung von einer Art Böenglocke verständlich machen. Damit sind die Felder innerhalb der hufeisenförmigen Stri-chelgrenze gemeint. An der Vorderseite der Glocke ist schnell be-wegte Luft, die nach Art eines Förderbandes aus der Wolke rasch nach unten transportiert wird. Sie hat die Richtung des Höhenwindes (engl. *upper wind*, U), die gegen den Oberflächenwind (S) rechtsgedreht (engl. *veered*, V) ist. Dies ist eine der Böen (engl. *gusts*, G), mit denen Segler es in solcher Cumulus-Luftströmung zu haben.

Die Dynamik solcher Böenglocken ist eine mehr oder minder vollstän-dige Zirkulation. Die Bö mit der Rechtsdrehung kommt unter der in Flugrichtung vorderen Kante der Wolke herunter (und dort wird man sie also erwarten). Durch Reibung an der Oberfläche wird diese Bö dann abgebremst, so daß sie an Wucht verliert und mehr in die Rich-tung des mittleren Bodenwinds (M) in der Glockenmitte und dann, wegen des Luftabzugs nach oben, in die Richtung des langsamsten, schläfrigsten Lullwindes krimpt (L). Diese Lull-Luft hat sich am Was-ser unter der Wolke etwas aufgewärmt, ebenso durch die Abbrem-sung (Energieumwandlung), und steigt deshalb wieder auf, womit sich die Zirkulation schließt.

Böenglocken folgen einander in regelmäßigen Abständen, oder es liegen zwischen ihnen Zonen (R), in denen die Unruhe des Windes nicht so gesetzmäßig ist. Man schaue nach dem „Bug" der nächsten Wolke, unter die man kommen wird, und sage so exakt voraus, wann die nächste rechtsdrehende Bö in die Segel packt.

Die Jolle (1) auf Bb-Bug profitiert von der örtlichen Rechtsdrehung der einfallenden Bö. Weil der Wind danach aber wieder zunehmend spitzer einkommt (d.h. schralt), geht sie bei (2) über Stag auf Stb-Bug, um Höhe zu gewinnen. Bei (3) dürfte dann die nächste Wolke mit Böen-glocke mit ihrer Vorderkante angekommen sein, um bei der jetzt fäl-ligen Wende für Tempo auf dem Streckbug (Bb-Bug) zu sorgen. So hält oder gewinnt man Höhe und kommt voran.

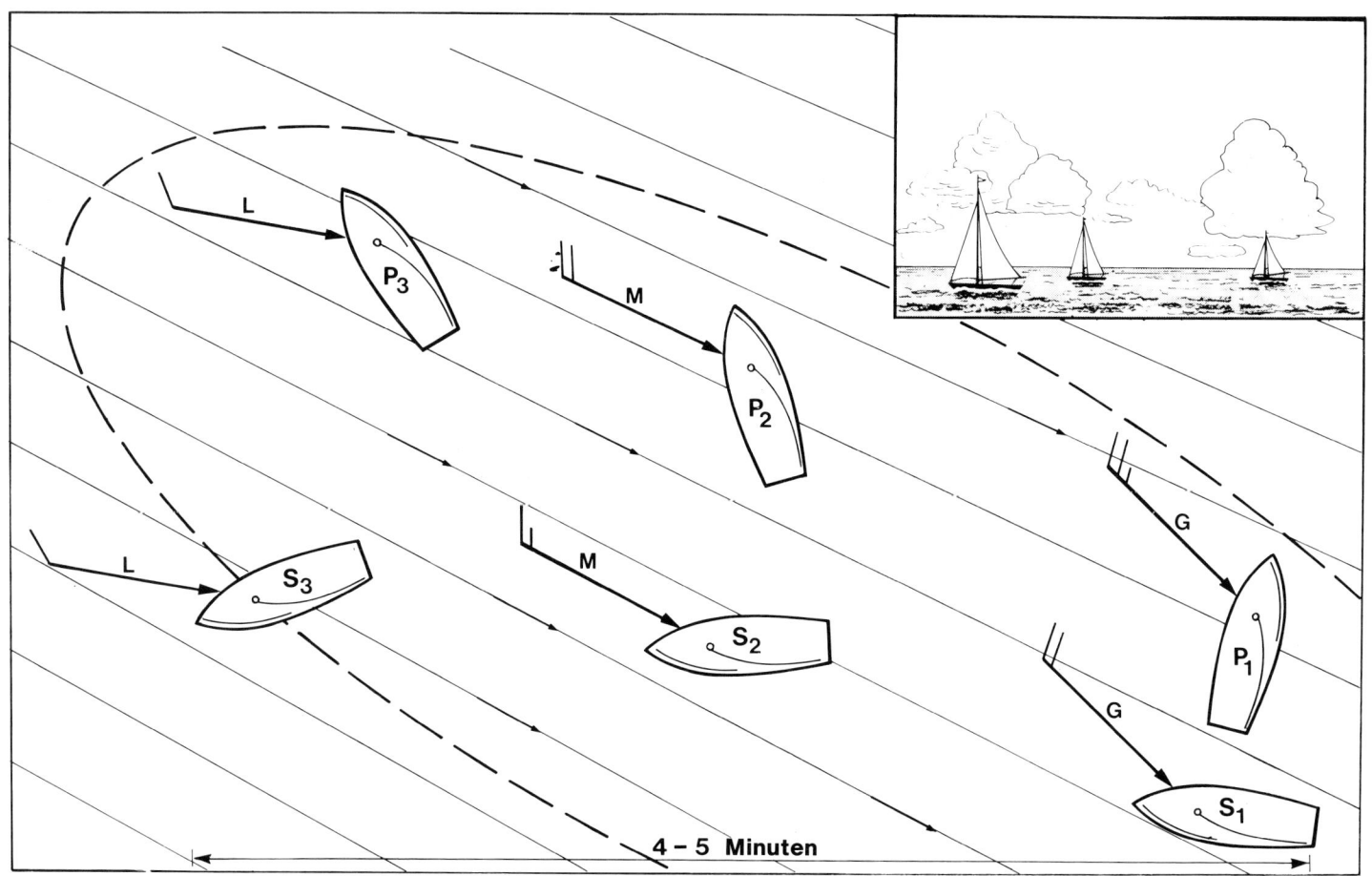

L

M

G

L

S₃

M

G

P₃

P₂

P₁

S₂

S₁

4 – 5 Minuten

88

Durch Böenglocken kreuzen

Beim Studium des wahren Windes gelangen wir zu der Erkenntnis, daß er in Böen rechtsdreht und beim Nachlassen (Lullen) krimpt (rückdreht). Folgen die Windwechsel diesem Muster, dann nennen wir die Luftströmung „normal".

Es gibt viele Wechselspiele, mal kürzere, mal längere, aber die übliche Zeitspanne von Bö zu Bö in Cumulus-Wetter ist etwa 4 min - ein durchaus beherrschbarer Wenderhythmus zum Kreuzen. Man segelt auch sonst kaum länger als 3...5 min auf einem Bug, weil dann eine Störung (anderes Boot, Untiefe, ankernde Yacht, Windschralung usw.) einen zum Wenden zwingt. Der exakte Moment zum Wenden mag bei Cumulus-Wetter nach der Vierminutenregel vorgeschrieben sein.

Die andere wichtige, von der Vierminutenregel beigesteuerte Verfeinerung der Taktik „Bei schralendem Wind wende!" ist der deutliche Auftakt durch die raumende Bö, der mit Sicherheit in angemessenem Abstand die schralende Lulle (L) folgt, ohne die es keine mittlere Windrichtung (M) gäbe. Eine ankommende Bö (G) heißt also, der Wind wird rechtsdrehen - und da ist die Yacht auf Bb-Bug im Vorteil, denn sie kann luven (S_1). Für Yacht (P_1) auf Stb-Bug war die Bö ein Schraler, der sie zum Abfallen (oder hastigen Wenden) zwingt.

Im nachlassenden Wind an der Rückseite der Böenglocke schralt der allmählich rückdrehende Wind für die Yacht (S) und zwingt nunmehr sie zum Abfallen, wogegen Yacht (P) jetzt wieder höher an den mittleren Wind gehen kann (dünne Schraffen) - nur nicht so forsch und schnell wie Yacht (S) in Position 1 mit der Bö. Was die Zahl der Kurse zum mittleren Wind betrifft, so ist das Verhältnis zwischen beiden Yachten neutral, aber die Yacht (S) ist nach einiger Zeit weiter vorn, hat mehr Höhe - vorausgesetzt, keine von beiden dachte ans Wenden.

Daraus folgt nun die Taktikregel für „normale" Luftströmungen:

Böen erwarte auf Bb-Bug, Lullen auf Stb-Bug.

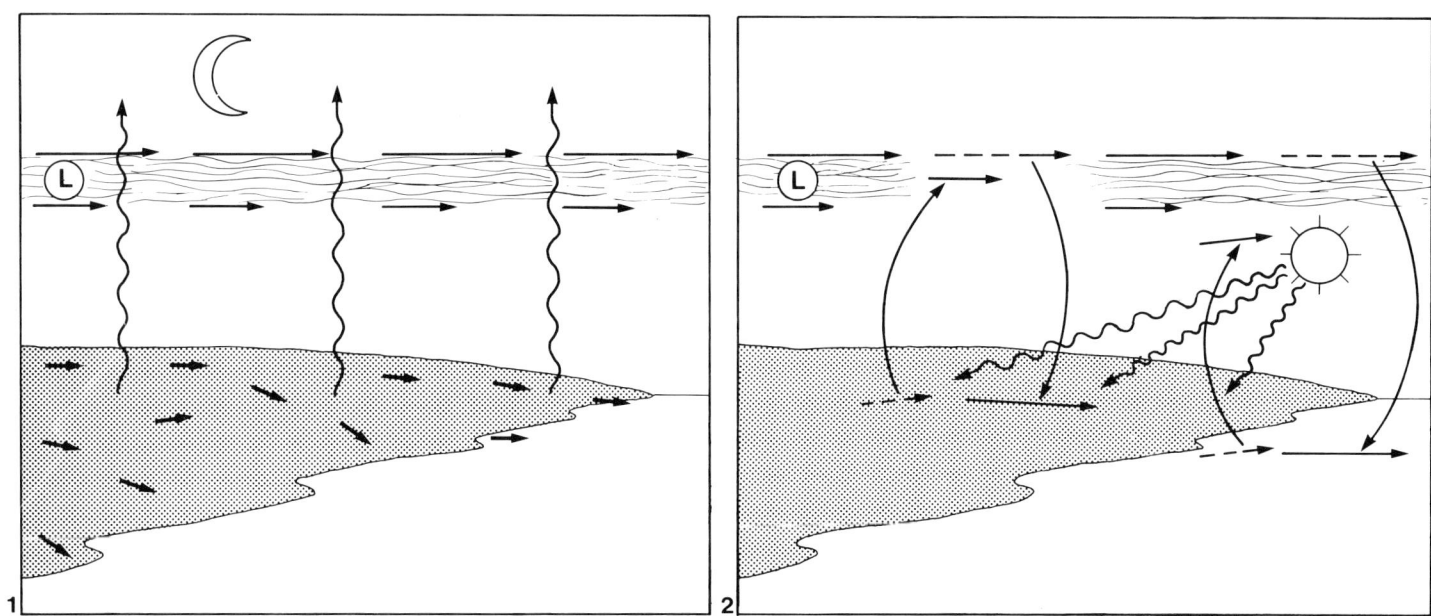

Die Inversionen und der Wind

1 Nachts kühlt das Land durch Strahlung aus, und die Luft unterhalb einer gewissen Lage (L) wird kälter als die darüber. Die Schicht (L) ist eine Inversionsschicht; der Wind unter ihr wird durch Bodenreibung langsamer, der darüber zum Ausgleich schneller. In klarer bis leicht bewölkter Nacht flaut der Bodenwind so ab - bis manchmal null. Weiter draußen auf See kommt das nicht vor, wohl im küstennahen Wasser.

2 Morgendliche Thermik bricht die Inversion auf, holt nächtlichen Bodenwind nach oben, läßt frischen Höhenwind bodenwärts nach unten schubweise nachfüllen. Diese Belebung des Bodenwinds wird mit steigender Sonne ebenmäßiger. Bald wird ausreichende Thermik die Inversion völlig aufgelöst haben, und der Morgenwind wird stetig.

3 An Tagen, an denen die Bodenluft schon abnorm warm ist, bricht die Inversion nur langsam auf. Steht dann der Höhenwind - für die Lage wichtig - entgegengesetzt zum Bodenwind, dann weht der die Thermik ausgleichende Fallwind hart gegen den Bodenwind. In den Böen, die dadurch entstehen, *krimpt* der Wind, und in den Böenpausen kann der

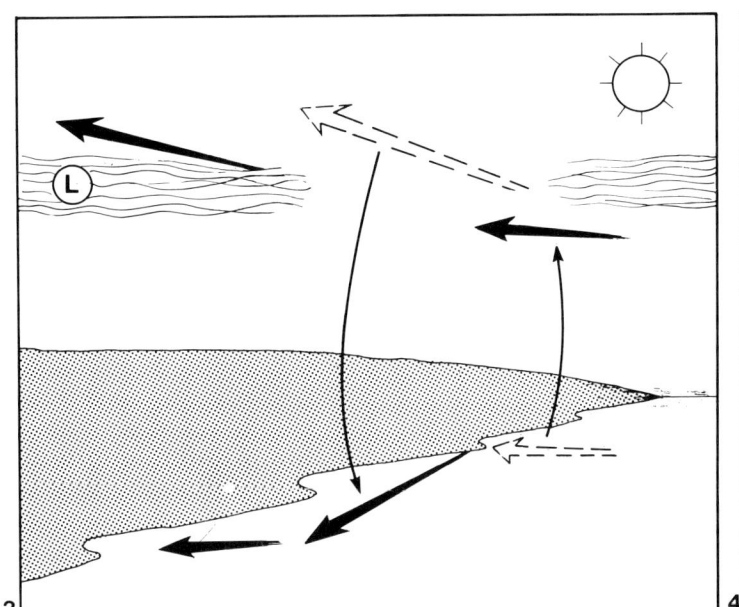

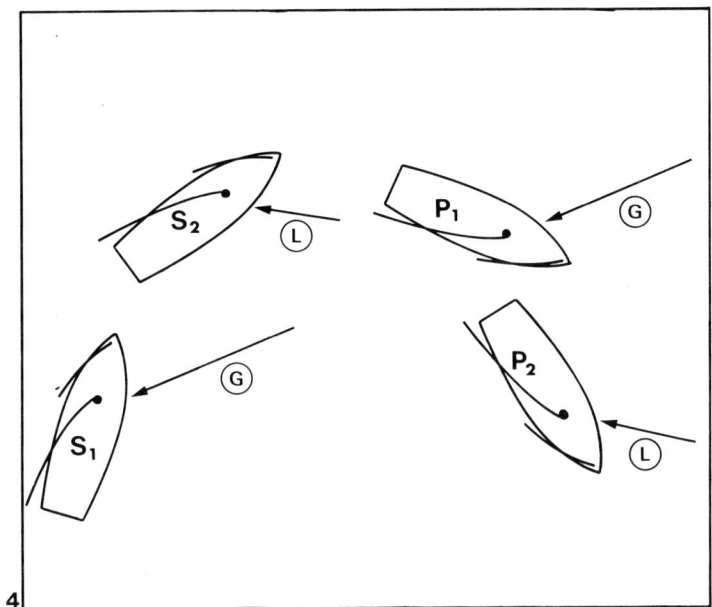

Bodenwind bis auf null absterben. Dieses Windmuster ist entgegengesetzt dem normalen unruhigen Wind. Wir nennen es anomal.

4 Die taktische Verhaltensregel im anomalen Luftstrom ist entgegengesetzt jener von Seite 89.
Im anomalen Luftstrom sind die Böen launenhaft, die Drehungen großwinklig; besonders am Morgen. Eine mittlere Windrichtung und -ge-

schwindigkeit gibt's nicht. Für Yacht S schralt die Bö (G) und zwingt zum Abfallen, aber am raumeren Lullwind (L) kann sie wieder mehr nach Stb halten. Für Yacht P ist's am selben Ort im selben Wind genau andersrum.
(Hinweis des Übersetzers: Land mit Wald- und Wiesenbestand nebst ein paar eingelagerten Seen, wie Schleswig-Holstein nahe der Kieler Woche, ist ein Musterland zur Erzeugung solch anomaler Lagen.)

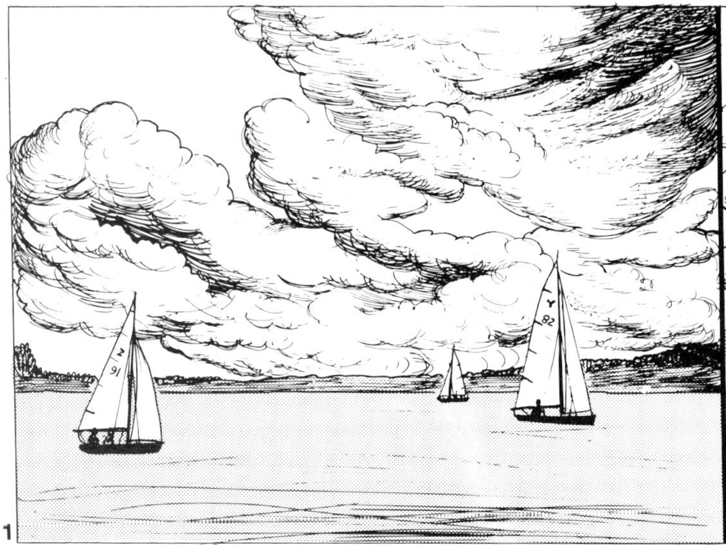
91
82
Y

1

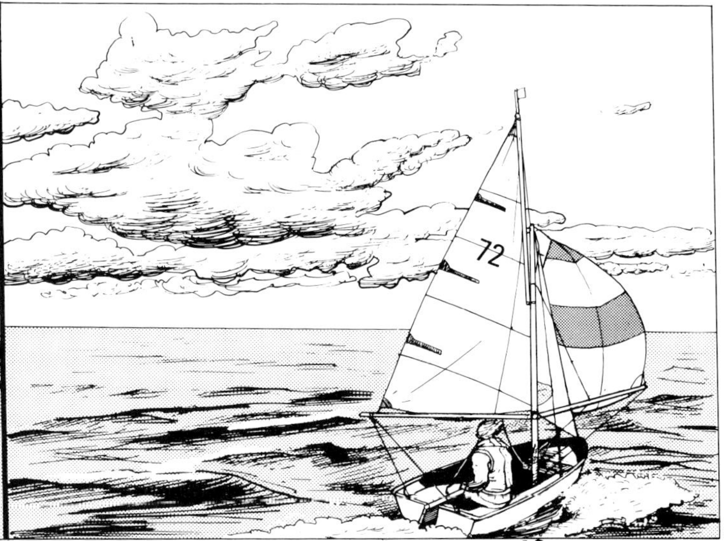
72

2

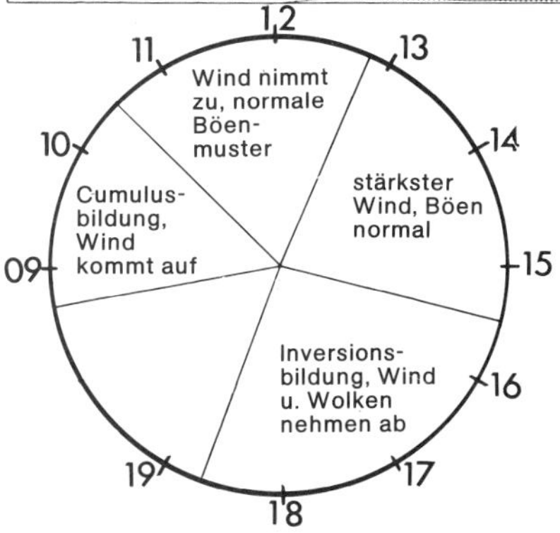
12
13
14
15
16
17
18
19
09
10
11
Wind nimmt zu, normale Böen-muster
stärkster Wind, Böen normal
Inversions-bildung, Wind u. Wolken nehmen ab
Cumulus-bildung, Wind kommt auf

Segeltage 1 und 2 - Cumuluswetter

1 Den Wetterablauf an einem normalen Schönwettertag, an dem sich die Cumuli nicht zu Gewitterwolken auswachsen, zeigt die Uhr links in wahrer Ortszeit. Normale und anomale Wetterentwicklung ist auf den Seiten 89 und 91 erklärt.

2 Eine Seebrise kann sich nur entwickeln, wenn ein eventuell gegenstehender Gradientwind morgens mit ≤ 10 kn weht - sicher ist die Brise nur bei höchstens 5 kn Gegenwind. Ist der Gradient auflandig, wird's frisch am Nachmittag. Die Uhr rechts gilt für ablandigen Gradient mit 5 kn. Der Vormittag wird unruhigen Wind mit abnormen Drehungen bringen. Hat sich die Seebrise durchgesetzt, kann man alle Windtaktik vergessen.

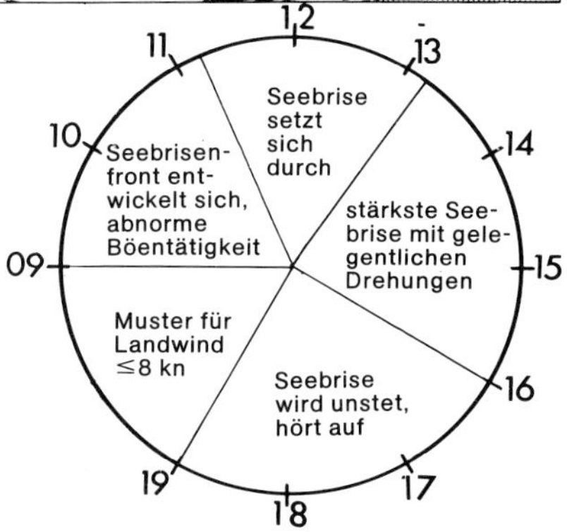
12
13
14
15
16
17
18
19
09
10
11
Seebrise setzt sich durch
stärkste Seebrise mit gelegentlichen Drehungen
Seebrise wird unstet, hört auf
Muster für Landwind ≤8 kn
Seebrisen-front ent-wickelt sich, abnorme Böentätigkeit

Segeltage 3 und 4 - Schauerneigung

3 Der Himmel in der Zeichnung zeigt, wie sich Schauerwetter ankündigt. Die Uhr zeigt die übliche Zeit für den Ablauf der Entwicklungsstadien an. Dargestellt ist der Morgenhimmel, aber ähnlich sieht er auch zwischen zwei Schauerfronten aus.

4 Schauer kommen gewöhnlich nicht in regelmäßigen Abständen (ausgenommen manchmal an Leeküsten). Vor und nach Schauern ist es relativ klar. Schauer treten oft als Fronten auf, wie hier gezeigt, vorzugsweise zwischen 12 und 15 Uhr. Auf See kann Schauertätigkeit Tag und Nacht anhalten, über Land hört sie nachts auf.

Segeltage 5 und 6 - gewittrig und schön, sehr warm

5 Warmes, schwüles Wetter mit trüber Sicht und Inseln von Wolken, die nach Donner aussehen, kommt meist aus östlicher Richtung. Der Wind ist oft abnorm unstet am Morgen, wenn die ziemlich hohen Wolkengruppen sich auflösen. Die Tagesmitte ist sehr warm. Nachmittags ziehen Wolken und eventuell ein Gewitter auf.

Windgeschwindigkeiten unter 15 kn, bei Gewitterlage zunehmend bis Stärke 5, in Böen 8.

6 Der für die Jahreszeit zu warme Tag muß nicht unbedingt zu einem Gewitter führen. Gewitter gibt's gewöhnlich erst nach einer Folge mehrerer heißer Tage.

Der Himmel kann an solchen Tagen lange Felder von Cirren oder Altocumuli haben, die ihre Lage, nicht aber die Masse ändern - manchmal Zunahme gegen Abend in großer Höhe. Wind unstet, leicht bis mäßig (außer bei Cumulus-Entwicklung).

Segeltage 7 und 8 - maritime Tropikluft

7 Feuchter Luftstrom vom Ozean bringt meist viele Wolken mit. Es braucht nur wenig zu regnen, aber der Himmel kann tagelang verhangen sein. Niedrige Stratocumuli mit heller getönten Ritzen regnen nicht ab.

Der Wind mag mäßig bis frisch sein, und über See kann es heiter sein. Wolken bilden sich aber sofort, wenn die Luft über Land angehoben wird. Die Winddrehungen können ziemlich unregelmäßig sein. Oft klart es plötzlich auf.

8 Maritime Tropikluft mag Stratus bringen, eine Wolkenart, die Küsten und Hügel einhüllt; legt sich der Wind, wird Seenebel daraus. Die Wolkenuntergrenze ist oft nur 30 m hoch und es nieselt. Es dauert meist lang, bis dieser Luftzug austrocknet; wenn, dann oft mit Cumuli und Stratocumuli. Der Wind ist launisch in seinen Änderungen.

Segeltage 9 und 10 - aufziehende Fronten und Okklusionen

9 Eine Front erscheint. Der Himmel vor einer Warmfront oder Okklusion sieht oft so aus - milchige Schichten oben und zu Fetzen zerfließende Cumuli darunter. Entwicklungsgeschichtlich: schönes Wetter mit aufziehenden hohen Wolken, die dunkler und immer tiefer wurden. Bald wird es regnen.

Der Wind ist südlich und ziemlich unruhig, paßt aber nicht in die Schemata von Seite 86 oder 91; höchstens ab und zu mal. Stärkerer Wind zu erwarten. Wetterbericht hören! Sturmwarnung?

10 Manche Fronten sind alt, bringen nicht mal mehr Regen hervor, bestehen nur noch aus hohen, dunklen Stratocumuli, unter denen sich Cumuli bilden können. Der Wind ist hier gewöhnlich mäßig bis leicht, das Böenschema normal, wie wir es bei Cumulus-Wetter erwarten würden, aber der Maßstab der Drehungen und Änderungen der Stärke ist kleiner, durch die hohe Wolkenschicht behindert. Der stärkere Höhenwind kommt nicht recht herunter.